# 사물의 일터신학

## 사물의 일터신학

**저자** 원용일

**초판 1쇄 발행** 2019. 10. 22.

**발행처** 도서출판 브니엘
**발행인** 권혁선

**등록번호** 서울 제2006-50호
**등록일자** 2006. 9. 11.

서울특별시 송파구 백제고분로28길 25 B101호 (05590)
**마케팅부** 02)421-3436
**편집부** 02)421-3487
**팩시밀리** 02)421-3438

**ISBN** 979-11-90308-03-8 03230

**독자의견** 02)421-3487
**이메일** editorkhs@empal.com

**북카페 주소** cafe.naver.com/penielpub.cafe
**인스타그램** @peniel_books

도서출판 브니엘은 독자들의 책에 관한 아이디어나 원고를 설레는 마음으로 기다리고
있습니다. 책으로 엮기를 원하는 아이디어가 있으신 분은 위의 이메일로 간단한 개요와
취지, 연락처 등을 보내주십시오. 머뭇거리지 말고 문을 두드리세요. 길이 열립니다.

도서출판 브니엘은 갓구운 빵처럼 항상 신선한 책만을 고집합니다.

무엇으로 · 일하고 · 무엇으로 · 살아가는가?

# 사물의
# 일터신학

**원용일** | 직장사역연구소 소장

브니엘

프롤로그

무엇으로 일하고 살아가는가?


스무고개 게임을 한 번 해보자. 아니, 열 번째 고개에 답이 있으니
열고개인 셈이다.


- 도시에 사는 당신의 생활 반경 안에 있는 것
- 존재하는데 알아차리기는 쉽지 않음
- 익숙한 곳에 늘 있는데 어디 있는지 잘 모름
- 느낌 : 보호, 안내, 안전, 안심…
- 이것의 존재는 어둠이 찾아오면 분명!
- 어둠에서만 나타나는 빛!
- 어둠의 총량에 비해 너무 미미한데 빛이라고?

- 중요한 것은 빛의 양이 아닌 빛의 방향이다!
- 머리가 밑으로 구부러진 후레쉬! 물론 커다랗다.
- 열 번째 고개는 더 이상 말로 표현할 수 없는 그림이다.

정답은 가로등!

문학평론가 함돈균 교수의 책 「사물의 철학」(세종서적, 2015)의 첫 장에서 소개하는 사물이 바로 '가로등'이다. 너무나도 일상적인 사물에서 어둠 속의 빛이라는 윤동주의 〈서시〉에 나오는 희망을 말하고, 프란치스코 교황이 첫 번째 세족식 때 열두 명의 소년원 아이들의 발을 씻어준 성육신을 말하며 신의 실루엣을 보았다고 감탄한다.

가로등에서 시작하는 사물에 대한 철학연습은 내비게이션, 레고, 명함, 복권, 블랙박스, 셀카봉, 이어폰, 인터넷, 자전거, 팝콘, 포클레인 등으로 이어지고 후추통으로 끝맺는다. 이 책을 보면서 나도 자연스럽게 성경 속에서 사물들을 관심 갖게 되었다. 그동안 나는 직장인들과 말씀을 나누고 글을 쓰면서 주로 사람에게 관심을 가졌는데, 어느 순간 사람과 관련해서 사물이 눈에 들어왔다. 그리고 이 책을 참고해서 나도 가로등 열고개를 만들어 섬기는 회사의 직장인들과 함께 나누었다.

성경 속 사람들은 사물을 가지고 일했다. 그 사물들은 주로 일하는 도구였고, 그 사물 속에 신학이 담겨 있는 것이 보였다. 사물에 관심을 가지고 성경을 보다가 가장 먼저 눈에 들어온 사물은 엘리사의 열두 겨릿소였다. 엘리사는 멍에를 맨 소 두 마리로 밭을 갈다가 엘리야 선지자의 부름을 받았다. 모세는 목자와 지도자의 삶을 사는 동안 지팡이가 그의 삶을 잘 설명해주었고, 바울은 두란노 서원에서 일하다가 손수건과 앞치마로 치유사역을 했는데, 이 작업도구들은 일하는 선교사 바울의 소명과 사명을 잘 보여주었다. 요셉의 인생도 곡식을 가득 채운 창고로 설명할 수 있다. 하나님은 성경 속 사람들을 부르시며 사물을 활용하셨다(Part 1. 소명의 일터신학).

일하는 도구들도 분명히 나타나보였다. 유명한 다윗의 물맷돌은 세상 속에서 우리 크리스천들이 무엇으로 일하는지 잘 보여주는 대표적인 일의 도구이다. 가인의 곡식과 아벨의 어린양은 일과 예배가 연관된 사물들이다. 요셉의 생애를 묘사하는 채색옷, 노예의 옷, 총리의 옷, 수의 등은 다채로운 패션쇼를 통해 우리가 세상의 일터에서 어떻게 일하는지 보여준다. 솔로몬의 칼은 재판을 통해 사람을 살린 멋진 도구였다. 칼을 들어 보이는 것만으로도 그의 지혜를 잘 나타내주었다(Part 2. 직업의 일터신학).

우리는 일을 할 때 혼자 하지 않고 여러 사람과 함께한다. 성경 속의 사물들은 누구와 일하는지 보여준다. 리브가는 물동이로 그의 정체를 잘 표현했고, 결국 이삭과 결혼하는 계기를 마련했다. 멜리데 섬에서 떨고 있던 사람들을 위해 바울이 준비한 나무 한 묶음은 그의 사랑을 보여주고, 그로 인해 어떻게 멋진 '낙도 선교'를 했는지 알려준다. 다윗은 전쟁에서 승리한 후 전리품을 통해 바람직한 관계를 모색

했고, 베드로는 칼을 휘둘러 그의 본성을 드러냈지만 예수님의 눈빛을 보고 흘린 눈물로 새로운 관계를 모색했다. 사울은 창을 던져 다윗을 죽이려고 했으나 다윗은 그 창을 되돌려 던지지 않고 수금으로 사울 왕을 치유했다(Part 3. 관계의 일터신학).

북이스라엘의 초대 왕 여로보암은 금송아지를 만들어 부강한 나라를 건설하려 했지만 말씀을 벗어나 실패한 왕이 되고 말았다. 가룟 유다는 꽤 성실한 척했지만 돈궤에 집착하여 실패한 인생으로 전락했다. 하나님이 광야생활을 하는 이스라엘 백성들에게 주신 만나와 메추라기는 탐욕에 사로잡히지 말 것을 우리에게도 경고하는 중요한 상징이다. 우리는 날마다 주시는 말씀의 만나로 살아가야 한다. 불의한 청지기의 채무증서는 세상에서 불의한 사람에게도 배울 수 있는 지혜를 보여준다. 예수님은 정직한 제자들도 지혜로워야 함을 강조하신다. 요나는 박넝쿨 증후군에 빠져 하나님의 속을 썩였다. 디테일에 탁월하신 하나님이 준비하신 박넝쿨로 깨달음을 얻었어야 하는데, 어떻게 되었는지 알 수 없어 아쉽다(Part 4. 성공의 일터신학).

4차산업혁명시대의 필수 아이템인 인공지능이 이야기되기 전부터 이미 사물인터넷(Internet of Things)이 가전제품을 중심으로 우리 살림살이 가까이에 다가와 있다. 스위트홈이 아닌 스마트홈을 말하는 시대가 되었다. 기계공학과를 나와 자동차회사에 다니다가 캐나다로 기술 이민을 가서 미국에 사는 나의 교회 친구는 이제 자율주행차 관련 일을 한다. 시대가 달라져서 우리의 일과 삶을 특징지을 사물은 달라졌어도 그 사물의 정체는 여전하다. 왜 일하고 어떻게 일하며 누구와 일하고 일의 목적이 무엇인지 반드시 그 사물에 대해 질문해야 한다.

이 책은 반월공단에서 손에 못이 박히게 하는 소가죽 재단 가위 잡아 일하며 아들에게 신학공부를 시키신 나의 어머니, 그 새벽마다 아들 밥해주느라 압력밥솥 딸랑거리는 소리 들으며 부엌에서 기도하시던 옥봉자 권사님께 드린다. 팔순 생신 맞으시는 어머니, 사랑합니다.

2019년 10월
글쓴이 원용일

P·A·R·T·1

## 소명의 일터신학
## : 왜 일하는가?

엘리사의 열두 겨릿소
모세의 지팡이
바울의 손수건과 앞치마
요셉의 곡식창고

# 01

# 엘리사의 열두 겨릿소

인생은 어차피 굴곡이 많지만 엘리야는 그야말로 롤러코스터를 탔다. 갈멜산에서 통쾌한 '불쇼'로 우상을 숭배하던 북이스라엘 아합 왕과 백성들에게 하나님의 살아계심을 입증하고, 만천하에 하나님의 위대하심을 증거하던 엘리야가 아니었는가? 그러나 이세벨 왕비의 독기 어린 보복 맹세가 두려워 국경도 넘은 엘리야는, 유다 왕국 남단 브엘세바에서도 광야로 하룻길을 더 도망갔다. 로뎀나무 아래서 천사의 위로를 받고 힘을 얻은 엘리야는 40일간 걸어서 호렙산으로 갔다. 성경에는 오즈의 마법사와 같이 하나님의 다양한 모습이 나타나는데, 전혀 기대하지 않은 엘리야에게 '세미한 소리'로 나타나신 하나님의 말씀은, 한마디로 "너의 할 일이나 하라!"는 꾸중이었다.

혼자만 살아남았고, 우상을 숭배하는 세상에서 목숨이 위태로우니 하나님이 책임지시라고 푸념했던 엘리야는 머쓱해졌다. 그가 할 일은 기름을 부어 왕을 임명하는 선지자의 고유업무였다. 그리고 놀랍게도 자신의 후계를 정하는 일이었다. "또 아벨므홀라 사밧의 아들 엘리사에게 기름을 부어 너를 대신하여 선지자가 되게 하라"(왕상 19:16). 아뿔싸! 이런 뜻은 아니었는데, 그냥 좀 힘들다고 하소연한 것뿐인데 휴가 좀 다녀왔더니 책상이 사라진 상황이 아닌가! 엘리야가 한탄하지 않았을까? 그런데 장난스럽게 생각할 상황이 아니다!

아합과 이세벨의 우상 숭배에 대해 하나님이 비장한 결단을 내리셨다. "하사엘의 칼을 피하는 자를 예후가 죽일 것이요 예후의 칼을 피하는 자를 엘리사가 죽이리라. 그러나 내가 이스라엘 가운데에 칠천 명을 남기리니 다 바알에게 무릎을 꿇지 아니하고 다 바알에게 입맞추지 아니한 자니라"(왕상 19:17-18). 하나님은 예후의 쿠데타를 통해 아합 왕과 이세벨 왕비를 응징하고, 또한 엘리사를 통해 바알의 우상 숭배에 대한 징벌을 계획하셨다.

이런 상황에서 아합 왕의 우상 숭배 척결의 사명을 가지고 엘리사가 북이스라엘 왕국의 선지자로 등장한다. 엘리사가 부름받는 장면에 등장하는 특이한 사물을 일터신학의 관점으로 생각해보자. "엘리야가 거기서 떠나 사밧의 아들 엘리사를 만나니 그가 열두 겨릿소를 앞세우고 밭을 가는데 자기는 열두째 겨릿소와 함께 있더라. 엘리야가 그리로 건너가서 겉옷을 그의 위에 던졌더니"(왕상 19:19).

# 하나님은 부자도
## 부르신다

'열두 겨릿소'라니, 이 생소한 사물이 도대체 무엇인가? '겨릿소'(a yoke of oxen, NIV)란 멍에에 매여 쟁기를 끄는 소 두 마리를 말한다. 요즘 식으로 말하면 100마력 이상인 대형 트랙터와 같은 농사 도구이다. 소 두 마리가 함께 쟁기를 끌게 하면서 밭을 가는 일을 하는데, 더구나 엘리사의 집은 겨릿소 열둘을 동원하여 밭갈이를 하고 있었다.

엘리사의 집안은 그야말로 부농이었다. 나는 어릴 적에 거제도에 있는 외가와 친가에 가서 방학 시절을 보내곤 했다. 꽤 큰 규모로 농사를 지은 외가에만 한때 소가 두 마리에 송아지가 두 마리까지 네 마리가 있었던 기억이 있다. 거의 언제나 소는 한 마리로 족했고, 그 한 마리 소의 소죽을 끓여주는 일이 겨울 저녁의 낭만이었다. 그런데 엘리사의 집은 두 마리 씩 묶인 겨릿소가 열두 쌍이라니, 스물네 마리의 소를 가지고 있는 부농이었다는 사실이 참 놀랍다.

하나님은 이렇게 부잣집 아들인 엘리사를 선지자로 부르셨다. 하나님은 부자를 좋아하시는가? 선지자들이 부름받기 전의 재정 상황이나 '재산 신고' 내용이 성경에 잘 나오지 않기 때문에 정보가 적지만 부자를 부르신 일이 그리 흔하지는 않은 것 같다. 아모스 선지자는 목자이면서 뽕나무를 재배하는 자였다고 하는데(암 7:14), 두 가지 일을 하니 부유했던 것인가 생각했더니 오히려 가난한 사람이었다. 한 가지 일로 생계를 유지하기 힘들어 '투잡'을 가진 것이었다. 요나 선지자는 도망가면서 다시스로 가는 꽤 비싼 뱃삯을 지불했는데(욘 1:1-3), 남한테 빌리지 않고 재정적으로 좀 여유 있는 삶을 살았던 것일까 막연히 상상해본다. 부자였는지, 가난했는지 상세히 알려주는 기록이 거의 없다.

중요한 사실 하나는 하나님이 부자도 사역자로 부르신다는 것이다. 부자만 부르지는 않으시지만 틀림없이 부자도 부르신다. 마태가 기록한 어부 출신 네 명의 제자가 부름받는 장면을 살펴보자(마 4장). 예수님이 야고보와 요한을 부르셨는데 그들은 '배와 아버지'를 버려두고 예수님을 따랐다(22절). 아마도 집안 소유의 배를 가지고 일했던 야고보와 요한은 자연스럽게 아버지에게 배를 상속받을 수 있었을 것이다. 그런데 베드로와 안드레를 예수님이 부르셨을 때 그들은 '그물'을 버려두고 예수님을 따랐다. 베드로 형제는 배를 빌려서 고기잡이를 한 어부라고 보면 그들은 부자가 아니었을 가능성이 높다. 반면 야고보와 요한은 집안이 부유했다고 볼 수 있다. 하나님은 이렇게 부자도 부르신다.

나는 누가 봐도 부자는 아니기 때문에 나 자신의 경험으로 부자를 부르시는 하나님을 느끼기는 쉽지 않았다. 그래서 오래 묵상해보았다. 부자를 부르신 하나님에 대해서 기분 나빠할 것도 없고, 왜 부자를 부르시는지 의아해 할 것도 없다. 부자를 부르신 하나님에 대해 생각해보니 하나님의 뜻이 어렴풋이 느껴졌다. 하나님이 말씀하신 엘리사의 사명이 무엇인가? "예후의 칼을 피하는 자를 엘리사가 죽이리라"(왕상 19:17)고 했다. 아합과 이세벨의 우상 숭배와 맞서고 우상 숭배자들을 척결해야 하는 일을 해야 했다. 강단 있고 배포 크게 일할 사람이 필요했다. 이런 일에는 부자가 늘 적임자라고 말할 수는 없겠으나 부자로 살면서 사람들을 거느리고 경영을 해본 사람이 잘할 가능성이 더 높지 않은가? 또한 "이스라엘 가운데에 칠천 명을 남기리니 다 바알에게 무릎을 꿇지 아니하고 다 바알에게 입맞추지 아니한 자"(왕상 19:18)가 있는데, 이 많은 믿음의 사람을 이끌 지도자의 역량도 필요했다. 엘리사가 그런 일종의 '관리'와 '경영'을 감당할 만한 사람이었을 것이다.

어쩌면 엘리사는 엘리야와는 조금 다른 스케일의 사람이었다. 물론 엘리야는 훌륭한 영적 지도자의 역할을 감당했다. 하지만 3년 반의 가뭄이 들었을 때 엘리야는 그릿 시냇가에 숨고 사르밧에 가서 과부의 집 밥상에 숟가락을 하나 얹어서 지낼 수밖에 없었다. 하나님의 이적과 선지자를 향한 깊은 배려를 무시하는 것이 아니다. 따지고 보면 그렇지 않은가? 이세벨이 하나님의 선지자들을 학대하는 위기상황에서도 엘리야는 그 선지자들을 위해 해준 것이 없었다. 백 명의 선지자를 빼돌려 굴에 숨기고 떡과 물을 먹인 사람은 아합 왕의 왕궁 맡은 신하 오바댜였다(왕상 18:3-4). '엘리야 리스트'가 되어야 했을 상황이 '오바댜 리스트'가 되고 말았다. 쉰들러가 사람들을 구하며 취한 영광을 엘리야는 꿈도 꾸지 못했다는 말이다. 그런데 이제 부농의 아들 엘리사는 오바댜가 했던 그런 역할도 감당할 만한 재력을 갖추었지 않은가? 하나님은 이렇게 부자도 불러 사용하시는 것이 아닐까?

부자였다가 부름받은 엘리사는 지내온 라이프 스타일의 영향인지 통이 컸다. 엘리야 선지자가 회오리바람으로 승천하기 전에 엘리사는 스승에게 이렇게 요구했다. "당신의 성령이 하시는 역사가 갑절이나 내게 있게 하소서"(왕하 2:9). 어쩌면 이렇게 배포가 클 수 있단 말인가? 엘리야 선지자의 절반도 아니고 선지자만큼도 아니었다. 성령의 역사를 갑절이나 요구했다.

그러면 엘리사의 요구대로 이루어졌는가? 엘리야가 말했다. "네가 어려운 일을 구하는도다. 그러나 나를 네게서 데려가시는 것을 네가 보면 그 일이 네게 이루어지려니와 그렇지 아니하면 이루어지지 아니하리라"(왕하 2:10). 하나님은 엘리야가 회오리바람을 타고 하늘로 올라가게 하셨고, "내 아버지여 내 아버지여 이스라엘의 병거와 그 마병이여"(왕하 2:12)라고 소리 지르던 엘리사는 자신의 요구가 응답된 것을 확신했다. 그러자 엘리사는 스승의 몸에서 떨어진 겉옷을 주워 가지고 요단 언덕에 서서 그 겉옷으로 물을 치며 이렇게 소리쳤다. "엘리야의 하나님 여호와는 어디 계시니이까"(왕하 2:14). 그 엘리야의 하나님이 엘리사에게도 이적을 행할 능력을 주셨다. 엘리야가 했던 것처럼 엘리사가 강물을 치자 물이 이리 저리 갈라졌다. 그 마른 땅을 엘리사가 건넜다. 이것이 엘리사의 첫 번째 이적이었다.

이후 엘리사의 요구에 하나님이 응답하셨다. 열왕기하와 성경에 기록된 엘리사의 이적들은 스승 엘리야가 베푼 이적의 두 배가 된다. 이적의 횟수로 모든 것을 다 표현하기는 힘들지만 통 큰 엘리사가 원한 갑절의 성령 역사가 그렇게 이루어졌다. 여기서 우리는 하나님이 부자였던 엘리사를 불러 사역을 시키신 이유 하나를 발견할 수 있다. 엘리사는 열두 겨릿소로 농사를 짓던 사람으로서 하나님이 그 시대의 필요에 따라 사용하시기에 적합했다.

## 하나님은 열심히 일하는
## 사람을 부르신다

또한 '열두 겨릿소'에서 중요한 사실 하나는 엘리사가 열두 번째 겨릿소와 함께 밭을 갈고 있었다는 점이다. 엘리사가 일하고 있었다는 사실이 중요하다. 엘리사는 일하다가 하나님의 부르심을 받았다. 소명의 중요한 요소가 여기에 있다.

여기서 '열두 번째'란 밭을 가는 겨릿소의 순서와 위치를 말해준다. 앞쪽에 종이나 품꾼들이 각각 열한 겨릿소로 밭을 갈도록 하고, 아마도 엘리사는 맨 뒤에서 그들의 작업을 지켜보면서 일했던 것 같다. 밭갈이를 책임지는 관리자의 역할도 하면서 자신도 역시 일을 하고 있었다는 사실이 중요하다. 엘리사는 일하는 관리자, 즉 '플레잉

코치'였다.

하나님은 이렇게 자신의 일터에서 부지런히 일하는 사람을 선지자로 부르셨다. 자신이 하는 일을 열정적으로 제대로 하지 않는 사람이 선지자의 사역을 잘 감당할 수 있겠는가? 그런데 이런 상식이 얼마나 자주 무시되고 있는가? "나는 이 직장일이나 사업은 관심도 없고 잘할 생각도 없지만 하나님이 교회를 섬기는 사역자로 부르시면 정말 잘할 수 있습니다." 이런 말이나 자세가 결코 바람직할 수는 없다. 하나님은 열심히 일하던 사람을 불러서 새로운 사명을 맡기셨다. 그런 예를 성경 여러 곳에서 찾을 수 있다.

하나님은 미디안 광야에서 양을 치던 목자 모세가 자신의 일터에서 열심히 일할 때 그를 이스라엘의 지도자로 부르셨다. 그 지역에서는 평소에 자연발화로 나무에 불이 붙는 경우가 잦았다. 하지만 불이 자연히 사그라지곤 했다. 그런데 모세는 떨기나무가 불타는 것을 그저 지나치지 않고 확인하려고 돌이켜서 갔다. 나이가 팔십 세인 노인 모세가 이렇게 자신의 일터에서 벌어진 일에 관심을 보이며 성실할 때 하나님이 모세를 불러 이스라엘 백성을 애굽에서 구원하는 사명을 주셨다(출 3:1-4).

또한 예수님은 세관에 앉아 세무업무를 보던 마태를 제자로 부르셨다. 마태는 하던 일을 그만 두고 예수님을 따르기로 결심했다(마 9:9). 성실하게 자신의 일터에서 일하던 사람을 예수님이 제자로 부르셨다는 사실이 중요하다. 앞에서도 살펴본 대로 예수님은 일하던 어부였던 베드로 형제와 야고보 형제를 제자로 불러 사명을 주셨다. 전날 밤에 고기를 한 마리도 잡지 못했던 베드로를 생각해보라. 고기가 한 마리도 잡히지 않는데 어떻게 밤새 그물을 던질 수 있었겠는가? 베드로는 그렇게 성실하게 밤을 새워 그물질을 했던 사람이다.

또한 사도 바울도 자신의 일을 열심히 할 때 부름받은 사람이다. 바울은 율법이 규정하는 대로 나무에 달린 자는 저주를 받는다고 판단하여(갈 3:13) 예수님을 메시아로 믿는 그리스도인들을 박해하는 일에 앞장섰다. 그래서 다메섹으로 가는 길에서 예수님을 만나 소명을 받았다(행 9:1-5,15-16).

이렇게 하나님은 일하던 사람을 부르셨다. 열심히 일하는 현장에서 그들을 불러 새로운 사명을 맡기셨다. 이제 하나님의 부르심에 순종하는 일이 남았는데 열두 겨릿소로 밭을 갈던 엘리사는 어땠는지 살펴보자.


## 결단의 단호함을 보여주는
## 파부침주의 작별의식

열심히 일하던 엘리사는 이스라엘의 선지자 엘리야가 겉옷을 던지자 즉각 반응했다. "그가 소를 버리고 엘리야에게로 달려가서 이르되 청하건대 나를 내 부모와 입맞추게 하소서. 그리한 후에 내가 당신을 따르리이다. 엘리야가 그에게 이르되 돌아가라. 내가 네게 어떻게 행하였느냐 하니라"(왕상 19:20). 엘리사는 일하던 겨릿소를 '버리고' 엘리야에게 '달려가서' 말했다. 소명을 확인한 사람의 즉각적인 반응을 보여주고 있다.

하나님의 부르심을 확인하면 우리는 즉각 반응할 수 있어야 한다. 베드로와 안드레, 야고보와 요한이 예수님의 부르심에 즉각 반응했다. 마태복음은 '그들이 곧' 그물과 아버지를 버려두고 예수를 따랐다고 강조한다(마 4:20,22). 마태 자신도 세관에 앉아 (업무를 보고) 있다가 부름을 받자 일어나 (세관업무를 청산하고) 따랐다고 부르심에 대한 즉각적인 반응을 기록하고 있다(마 9:9).

그런데 엘리사는 아버지도 버려두고 따른 야고보와 요한과는 달리 부모와 입 맞추고 인사하기를 요구한다. 야고보와 요한이 부친을 버려두고 떠났다는 진술은 제자도의 긴급성을 강조하는 표현이라면 엘리사는 부름받은 자의 작별의식과 예의를 보여준다. 부모님에게 말씀드리고 새로운 길을 가야 하지 않겠는가? 열두 겨릿소의 마지막 겨릿소를 담당하며 농사일을 책임지던 아들이 떠나야 한다면 '대표 마름'이라도 뽑아 집안일을 제대로 할 수 있도록 조치해야 하지 않겠는가? 그래서 엘리야 선지자도 허락했다고 생각한다. 이것은 제자도의 긴급성과는 좀 다른 차원으로, 책임의식과 상식적인 절차의 중요성을 가르쳐준다.

물론 예수님은 한 제자가 아버지를 장사하고 난 후에 주님을 따르겠다고 할 때 허락하지 않으셨다. 예수님은 "죽은 자들이 그들의 죽은 자들을 장사하게 하고 너는 나를 따르라"(마 8:22)고 하셨다. 그 제자의 요구는 작별인사를 하고 오겠다는 뜻이 아닌 제자수업의 연기 요청이었다. 아버지가 돌아가실 때까지 계속 집에 남아 가족 부양의 의무를 다하다가 나중에 예수님을 따르겠다는 뜻이었다. 그러자 예수님은 영적으로 죽은 자들, 즉 제자가 아닌 사람들이 죽은 자(돌아가실 아버지)를 장사하게 하고 그 제자에게 너는 나를 따르라고 요구하셨다. 가족을 부양하는 일이 중요하지 않은 것이 아니나 그 제자에게는 지금 따르는 신속한 결정과 긴급성이 요구되었다.

엘리사는 가족과 일터 공동체를 떠나 새로운 부르심에 응답하면서 일종의 의식을 하고 있다. "엘리사가 그를 떠나 돌아가서 한 겨릿소를 가져다가 잡고 소의 기구를 불살라 그 고기를 삶아 백성에게 주어 먹게 하고 일어나 엘리야를 따르며 수종 들었더라"(왕상 19:21). 엘리사가 일하던 소 두 마리를 잡고 쟁기를 불살라 회식을 준비한 것은 마치 마태가 세관을 즉시 떠나 예수님을 따랐지만 많은 세리와 죄인을 초대하여 예수님과 함께 음식을 먹는 파티를 연 것과 같다(마 9:10). 그 파티 자리에서는 바리새인들의 문제 제기로 건강한 자와 병든 자에 대한 논쟁이 일어났다. 그래서 그 마태의 파티는 "의인을 부르러 온 것이 아니요 죄인을 부르러 왔노라"(마 9:13)고 하시는 예수님의 복음 메시지가 전해지는 '불신동료 초청 복음전도 집회'가 되었다.

엘리사의 잔치도 역시 그런 기능이었을 것이다. 소 두 마리를 잡아 하나님에게 제사를 드리지 않았을까? 또한 부모님을 포함한 가족들과 함께 일하며 살던 동네 사람들과 작별하며 공동체를 떠나는 작별의 파티를 열었다. 이렇게 엘리사는 자신의 소명을 공식적으로 확인했다. 함께 일하던 정든 소들을 희생시키고 손때 묻은 농사 도구를 불살랐다는 것도 중요한 의미를 담고 있다. 파부침주(破釜沈舟)와 배수지진(背水之陣)의 결단이었다. 밥을 해 먹던 솥단지를 깨뜨리고 돌아갈 배를 가라앉힌 후 최후의 일전을 각오하는 단호함, 뒤쪽에는 물이 있어 도망갈 수도 없는 배수진을 치고 적들과 맞서겠다는 결단으로 엘리사는 엘리야를 따랐다. 인사하고 예절을 지키고 순서를 밟느라 엘리야 선지자 따르기를 미적거리는 듯했지만 엘리사는 자신의 단호한 결심을 '의식'으로 나타내 보이면서 사역자의 길로 들어섰던 셈이다.

'열두 겨릿소'라는 사물에 일터신학의 돋보기를 들이대 보니 하나님이 우리를 부르시는 소명의 특별함을 발견할 수 있다. 하나님은 사역의 필요를 위해 부자도 부르신다. 물론 가난한 자도 부르신다. 부자거나 가난한 자거나 하나님에게 부름받는 일에는 아무런 장애가 없다는 점이 중요하다. 부름받기 전에 했던 그 모든 일이 하나도 땅에 떨어지지 않고 하나님의 나라를 세우는 일에 유용하게 활용된다. 따라서 우리는 엘리사처럼 오늘 하는 일에 집중해야 한다. 몰입해서 성실하게 일해야 한다. 하나님이 새로운 일로 우리를 부르실 때는 단호하지만 예의와 절차를 밟아 소명에 부응해야 한다.

　오늘 당신도 '열두 겨릿소'와 함께 일하고 있는가? 엘리사처럼 두 발로 땅을 옹골차게 딛고 서서 손으로 쟁기를 붙잡아 땅을 향해 내리 누르며 힘을 주고 있는가? 쟁기날이 튀어 오르지 않아야 밭을 제대로 갈 수 있다. 그런 당신에게 '엘리야의 겉옷'이 날아올지 모르니 기대 하라!

# 02

# 모세의 지팡이

TV를 보다가 80세가 다 된 두 남녀 어르신이 나오는 흥미로운 장면을 봤다. 할아버지는 이발사, 할머니는 미용사였다. 부부는 아니고 두 어르신이 지금까지 각각 59년, 58년을 이용업과 미용업에 종사한 이야기를 다루었는데 흥미로워서 끝까지 봤다. 10대 시절에 일을 시작해서 평생을 일해 온 분들이었다. 지금도 현역으로 일을 하는데, 두 분에게 평생의 보물이 무엇인지 질문해서 그 결과를 공개하는 장면이 프로그램 마지막 부분에 나왔다.

할아버지 이발사는 성공의 욕구도 있고 허세도 좀 있어 보였다. "내가 이래도 이발하는 일에서는 성공한 사람이여!"라는 멘트도 날리던 할아버지는 자신을 소개한 한 지역신문의 기사를 평생의 보물로 꼽았다. 자기를 그렇게 세상에 알려주었으니 그 신문이 평생의 보물이라는 것이었다.

그런데 미용사로 60년 가깝게 일한 할머니는 새카맣게 녹이 슨 '미용 가위'를 평생의 보물이라며 내놓았다. 미용사생활을 시작하면서 처음으로 장만했던 것인데 오랫동안 사용했던 그 가위를 보관하고 있었다. 손때 묻은 추억의 물건이기도 하고, 자식들을 키우고 공부시킬 수 있게 한 고마운 물건이자 생계를 유지하게 한 도구이기도 하다고 해서 감동을 주었다.

이스라엘 백성을 출애굽시키고 가나안으로 이끈 모세의 평생 도구는 '지팡이'라고 할 수 있다. 미국 새들백교회의 릭 워렌 목사는 이 모세의 지팡이와 I로 시작하는 세 개의 영어 단어를 연관 지어 설교하기도 했다. Income, Identity, Influence. 모세의 지팡이는 생계를 위한 도구였다. 모세가 목자로 일할 때 쓰는 작업도구가 지팡이였다. 그 지팡이가 모세의 수입(Income)을 보장해주었다. 그리고 지팡이는 목자였던 모세의 정체(Identity)를 나타내주는 도구였다. 또한 그 지팡이는 이적을 행하면서 세상과 이스라엘 백성에게 영향력(Influence)을 행사하는 도구였다. 대표적으로 애굽에서 바로 왕에게 큰 이적을 보였고, 홍해를 건너고 광야생활을 할 때도 영향력을 행사했다. 릭 워렌 목사의 설교에 동의하면서 모세의 인생을 관통하는 '지팡이'의 의미를 일터신학의 안목으로 살펴보자.

# 직업적 연륜을 보여주는
## 목자의 도구인 지팡이

요즘 평균수명이 늘어나면서 '3-3-3 시대'라는 말을 한다. '백세 시대' 이야기도 하는데, 아직 백세는 좀 거리가 있고 상징적인 숫자인 것 같다. 그래도 이제 수명이 많이 늘어나 평균 90년쯤 사는 날도 멀지 않아 보인다. 직업과 관련해서 직업을 준비하며 공부하는 시기인 초기 30년, 직업을 가지고 일하는 기간 30년, 일을 마치고 살아갈 노후인 제3의 인생 30년, 그래서 3-3-3이다. 우리도 우리의 인생을 구분해서 잘 설계해야 한다.

모세의 생애를 묘사할 때 어떻게 구분할 수 있을까 생각해보라. 모세는 120년을 살았는데 구분하기도 좋게 40년씩 세 번의 인생으로 구획 지을 수 있다. 모세는 4-4-4인 셈이다. 모세의 직업을 한번 정리해보라. '~자'로 끝나는 단어들이다. '왕자-목자-지도자.' 40년간 세상을 배우고, 40년 동안 목자로 지내며 묵상과 기도의 삶을 살고, 나머지 40년은 사역하며 이스라엘 백성을 출애굽시키고 가나안 땅으로 이끄는 삶을 살았다.

각 시기 별로 모세가 일하던 도구가 무엇이었을까 생각해보라. 애굽의 왕자로 살았던 모세는 애굽의 차기 왕 후보 중 한 명이었다. 그의 손에는 책과 문서, 애굽의 치리자로 훈련받는 각종 도구가 들려 있었을 것이다. 애굽의 선진 문물, 세계 정부의 통치술을 모세가 배웠음이 틀림없다. 그리고 40세 이후에 열정을 앞세워 히브리 민족을 보호하려던 모세는 한 애굽 사람을 죽인 후 목숨이 위태로워지자 도망쳤다. 애굽의 왕자로 누렸던 그 모든 것을 다 포기하고 광야로 도망갔다.

모세는 광야에서 목자로 40년을 살았다. 인생의 황금기라고 할 수 있는 가운데 토막을 지명수배받은 도망자로 은둔하며 지냈다. 양 치는 일로 생계를 꾸리며 살았다. 이때 모세의 손에 목자의 '지팡이'가 들려 있었다. 모세의 손에 들린 지팡이는 그의 작업도구였다. 양을 돌볼 때 사용할 수 있도록 갈고리 같은 끝부분이 있었고, 그 부분은 손잡이가 되기도 했다. 그것으로 구덩이에 빠지거나 넘어진 양을 잡아 끌어 올리고 일으키면서 양들을 돌보았다. 저녁에 양들을 집안이나 울타리 안으로 들일 때는 그 지팡이로 양의 등을 스치면서 숫자를 헤아렸다. 이런 목자생활의 연륜을 보여주는 도구가 바로 지팡이였다.

모세의 나이 40세에서 80세까지 40년간 썼던 모세의 지팡이는 그가 생계를 유지하는 도구였다. 그때 모세는 미디안의 제사장 이드로의 딸 십보라와 결혼을 했고 자식들을 낳아 기르며 가정을 꾸렸다. 가족을 위해서라도 모세는 여러 개의 지팡이가 닳고 부러지도록 열심히 일했다. 당신은 지금까지 일해 오면서 지팡이를 몇 개쯤 교체했는가? 지금 몇 번째 지팡이를 쓰고 있는가? 아니, 우선 당신의 '지팡이'는 무엇인가? 야구선수에게는 야구방망이가 모세의 지팡이에 해당될 것이다. 벽돌 쌓는 조적공이나 미장이는 흙손이 지팡이에 해당되고, 발레리나에게는 토슈즈가 지팡이다. 한국이 낳은 뛰어난 발레리나 강수진은 1986년 독일 슈투트가르트 발레단에 입단해서 30년 만에 은퇴했다. 한 시즌에 토슈즈를 200켤레 이상, 많게는 250켤레까지 갈아 신었다고 한다. 당신의 지팡이를 한번 생각해보라. 목사인 나의 지팡이는 성경일까 생각했는데 요즘엔 오히려 컴퓨터인 것 같다는 생각이 들었다. 컴퓨터 안에 각종 버전의 성경과 설교 등 모든 자료가 들어 있으니 말이다.

모세의 40년 목자생활이 의미 없는 것은 물론 아니었다. 초기 40년 생활이 너무나 치열하고 피곤한 삶이어서 비교가 되었겠지만 목자생활을 하면서 은둔하던 모세는 자신이 배운 것을 돌아보고 되새기며 묵상하는 기회를 가졌다. 그가 배운 철학과 관리능력, 조직 운용 능력을 정리하는 기회였다. 그리고 그 시기에 모세는 하나님의 음성을 들으며 중요한 공부를 하게 되었다. 일하며 하나님의 음성을 들었다. 애굽의 궁궐에서는 아마도 하나님의 음성을 듣기가 쉽지 않았을 것 같다. 그런데 지팡이를 들고 광야에서 양 치는 일을 할 때는 하나님과 친밀하게 교제하는 일이 가능했다. 광야는 그렇게 살기에 적합한 곳이다. 그중의 한 사건을 성경이 기록하고 있다. 떨기나무 불꽃 가운데서 말씀하시는 하나님의 음성을 모세가 들었다.

이 일이 있을 때도 모세의 성실함에 주목해서 봐야 한다. 건조한 지역에 자연발화가 자주 일어나니 한 떨기나무에 불이 붙은 상황이 그리 특이하지는 않았다. 그런데 그 나무의 불이 빨리 꺼지지 않고 오래가는 것을 보고는 모세가 그냥 대수롭게 여기지 않았다. 그냥 지나치

지 않고 가던 길을 돌이켜 왔다. 그러자 그 나무의 불꽃 가운데서 하나
님이 말씀하셨다. 모세의 조상, 하나님이 애굽에 있는 백성들의 고통
을 분명히 보고 그 부르짖음을 들으셨다. 하나님은 모세를 애굽의 왕
바로에게 보내서 이스라엘 자손을 구원해 내겠다고 그를 부르셨다(출
3:1-10). 목자로 일하면서 모세가 바로 그런 인생의 전환을 경험한다.


## 하나님의 능력과
## 영향력을 나타내던 지팡이

　　　　　　이후 모세의 삶은 '지팡이2'의 시대가 되었다. 목자
였던 모세의 생활도구 지팡이가 하나님의 능력을 나타내는 이적의 도
구로 활용되었다. 하나님이 그렇게 하시니 가능했다. 파라오 앞에 나
서기를 두려워하는 모세에게 여호와 하나님은 지팡이가 뱀이 되는 이
적을 보여주셨다. "너는 이 지팡이를 손에 잡고 이것으로 이적을 행할
지니라"(출 4:17).

실제로 모세는 그 지팡이로 하나님의 능력을 행했다. 지팡이로 나
일 강을 치니 그 강이 피로 변했고(출 7:20), 지팡이를 들어 애굽 온
땅에 개구리가 들끓게 했다. 하나님의 능력이었다. 지팡이를 들어 땅
의 티끌을 치니 온 세상에 이가 들끓었다. 모세가 하늘을 향해 지팡이
를 들자 하나님이 우렛소리와 우박을 보내시고 불을 내려 땅에 달리

게 하셨다. 많은 자연신을 섬기는 애굽 백성들을 향한 하나님의 진노였다. 모세가 지팡이를 들어 동풍을 타고 온 메뚜기가 애굽 온 땅에 덮이게 했다.

여호와 하나님의 재앙으로 애굽의 신들은 치명상을 입었다. 애굽 신들의 회합 장소는 쑥대밭이 되었다. 태양신 라(Ra)와 레(Re), 호루스(Horus)도, 하늘의 여신 눗(Nut)과 하토르(Hator)도 애굽 전역이 삼일 동안 암흑 천지에 빠지면서 다 꼬리를 내렸다. 생명과 유산과 상속을 상징하는 애굽인의 장자와 첫배 짐승까지 다 죽으면서 재생의 신 민(Min), 출산하는 여인을 돌본다는 헤켓(Hekqet), 다산의 신 오시리스(Osiris)도 모두 박살나고 말았다.

출애굽할 때는 모세가 지팡이를 들어서 홍해 바다 위로 내밀자 그 바다에 길이 열렸다. 그 길로 이스라엘 백성들이 밤새 도망쳤다. 그리고 뒤따라 그 홍해 길로 추격해 오던 애굽 군대는 어떻게 되었는가? 모세가 그 지팡이를 바다로 내밀자 홍해를 갈랐던 거대한 물 벽들이 무너져 내렸다. 홍해의 거친 물살이 당시 세계 최강 애굽 군대의 주력을 덮어버렸다(출 14:15-31).

광야생활을 시작한 초기에 르비딤에서 물이 없어 백성들이 원망할 때도 하나님은 말씀하셨다. "백성 앞을 지나서 이스라엘 장로들을 데리고 나일 강을 치던 네 지팡이를 손에 잡고 가라. 내가 호렙 산에 있는 그 반석 위 거기서 네 앞에 서리니 너는 그 반석을 치라. 그것에서 물이 나오리니 백성이 마시리라"(출 17:5-6). 모세의 지팡이로 하나님이 백성들의 갈증을 해결하셨다. '지팡이표 생수공장' 대표이사이신 하나님을 찬양한다. 할렐루야!

아말렉과 전쟁할 때도 여호수아가 군대를 이끌고 나갔고, 모세는 산 위로 올라가서 손을 들어 하나님에게 기도했다. 모세가 여호수아에게 이렇게 말했다. "우리를 위하여 사람들을 택하여 나가서 아말렉과 싸우라. 내일 내가 하나님의 지팡이를 손에 잡고 산 꼭대기에 서리라"(출 17:9). 온종일 내려오지 않아 결국 이스라엘 백성들이 승리했던 그 르비딤 전투 때 모세의 손에는 바로 이 지팡이가 들려 있었다. 여호수아 군대가 훌륭해서 이긴 것이 아니었다. 모세가 잘나서 이긴 것도 아니었다. 그의 손에 들린 지팡이, 하나님의 능력을 상징하는 그 지팡이가 승리의 원동력이었다.

이렇게 모세는 지팡이를 통해 하나님의 능력을 나타냈다. 목자의 작업도구인 그 지팡이가 이런 놀라운 하나님의 능력을 드러냈다. 오늘 우리의 지팡이를 통해서도 하나님은 능력을 나타내실 수 있다. 목자의 도구인 그 흔한 지팡이는 마술의 도구가 아니다. 하나님이 사용하시니 하나님의 능력을 드러냈을 뿐이다. 모세가 하나님을 의지하고 하나님의 거룩함을 드러낼 때 그 지팡이가 이적의 도구가 되었다. 그러나 그렇게 하지 못할 때 모세의 지팡이는 더 이상 하나님의 능력을 드러내는 도구가 되지 못했다.

오늘 우리도 우리가 가진 직업의 도구, 그것으로 하나님의 능력을 나타내야 한다. 우리도 준비되기만 하면, 하나님에게 헌신하고 큰 믿

음을 갖기만 하면 우리의 지팡이가 하나님 능력의 도구가 된다. 다윗
도 그러지 않았는가? 골리앗과 맞서 싸울 때 사울 왕은 다윗에게 자기
의 갑옷을 입히고, 자기의 투구를 쓰고, 자기의 칼을 가져가라고 했다.
그런데 소년 다윗이 무장하고 걸어보니 익숙하지 않았다. 그래서 포기
하고는 특이한 무장을 했다. 손에 막대기를 가지고, 시내에서 매끄러
운 돌 다섯 개를 고르고 물매를 가지고 나갔다(삼상 17:40). 젊고 앳되
고 예쁘장한 소년 다윗이 막대기를 가지고 오는 것을 보고 골리앗이
비웃었다. 다윗의 손에 들린 막대기가 바로 목자의 지팡이였다. "네가
나를 개로 여기고 막대기를 가지고 내게 나아왔느냐?"(삼상 17:43).

이 지팡이로 다윗이 위장술을 쓴 것일까? 혹시 시력이 약한 골리
앗이 방심하도록 한 것인지도 모른다. 다윗이 주머니에 담은 돌이나
손 안에 넣어 감출 수 있던 물매를 골리앗이 주목하지 못했을 가능성
이 높다. 여하튼 다윗에게도 이 목자의 작업도구인 막대기, 즉 지팡이
로 결국 하나님의 능력을 세상에 드러내는 역사를 만들었다. 지팡이
가 능력의 도구가 되었다.


## 지팡이로 하나님의 능력과
## 거룩함만 드러내라

이 지팡이는 이렇게 모세나 다윗을 통해 하나님의

능력을 나타나는 멋진 도구가 되었다. 그런데 이것으로 너무 나가면 안 되는 경우가 있다. 모세가 그랬다. 우리도 우리의 지팡이가 하나님의 능력을 나타내는 도구로 제대로 쓰임받기 위해서는 이 모세의 실수를 타산지석으로 삼아야 한다.

때는 출애굽한 지 40년이 된 시기였다. 이제 곧 가나안에 들어갈 때가 되었다. 므리바라는 곳에 이르렀는데 그곳에도 물이 없었다. 어쩜 그렇게 40년 전 르비딤 때와 똑같은지! 출애굽기 17장에서 부모와 선배들이 했던 것과 똑같이 이스라엘 신세대 백성들도 행동하고 있다. 그들은 왜 우리를 목말라 죽게 하느냐고 원망했다. 왜 애굽에서 나오게 했느냐고 불평했다. 40년이나 지났는데 원망하는 멘트가 바뀌지 않았다. 아마도 그들의 부모에게서 배웠던 것이 틀림없다.

이런 상황에서 모세도 지난 40년의 스트레스가 머리 꼭대기까지 쌓였다. 120세의 나이에 백성들에게 지속적으로 그런 원망을 듣는 것도 보통 고역이 아니었다. 더구나 그 당시는 이스라엘 백성 중 나이가 많은 사람이 예순 살인 때였다. 광야에서 태어난 사람들은 40대 이하였고, 그들이 인구의 많은 부분을 차지하고 있었다. 그러니 모세 나이의 절반도 안 되는 백성들 아니었는가? 80세에도 비슷한 상황을 겪었지만 그때와는 비교할 수 없을 정도로 나이 든 모세는 힘들었을 것이다.

그런데 하나님은 한결같으셨다. 이때도 하나님이 해결책을 주셨다. 하나님은 모세더러 반석에게 명령하여 물을 내라고 하셨다. 그런데 모세가 백성들을 비난하며 반석을 두 번 지팡이로 쳤다. 그러자 물이 많이 나와서 사람들이 마셨다. 모세가 여기서 지팡이로 바위를 두 번 친 그 행위 자체가 문제는 아니다. 반석에게 명령하여 물을 내라는 말씀이 지팡이를 사용하지 말라는 뜻은 아니었다. 문제는 모세가 화가 나기도 했고, 그때 모세가 보여준 행위가 결국 하나님을 향한 믿음을 드러내지 못했다. 하나님이 모세와 아론을 책망하셨다. 믿음이 부족했고, 이스라엘 백성들 앞에서 하나님의 거룩함을 드러내지 않았다는 이유였다(민 20:7-13).

무슨 말인가? 지팡이를 가지고 이적을 행하는 것은 바로 하나님을 믿는 믿음으로만 가능하고, 또 그래야만 하나님의 거룩함을 드러낼 수 있다. 그것이 바로 지팡이가 갖는 상징을 가장 잘 표현한다. 하나님의 능력과 거룩함, 이것을 빼면 지팡이는 그저 흔한 생활도구이다. 우리가 쓰는 등산지팡이나 스키폴과 다를 게 없다.

여하튼 우리는 모세처럼 지팡이로 무리하면 안 된다. 무리하면 내가 가진 강점, 나의 달란트이자 능력, 지금까지 일하며 쌓아 온 그 모든 공든 탑이 다 무너지고 만다. 내 인생의 열매가 다 떨어지고, 내 인생의 작품이 물거품이 되고 만다. 모세의 결정적인 실수는 하나님의 거룩함을 드러내지 않은 불신앙이었다. 우리의 지팡이로 결국 드러내야 할 것은 하나님의 능력, 하나님의 거룩함, 하나님의 사랑, 하나님의 은혜이다.

모세의 지팡이를 생각해보았다. 하나님의 일을 하기 위해서 늘 희한한 도구를 찾으려고 할 것은 없다. 얼리 어답터가 되어 늘 최신의 IT 기기로 무장해야만 하는 것은 아니다. 우리의 손때 묻은 작업도구가 바로 하나님의 역사를 이루는 지팡이가 될 수 있다. 출애굽기 4장 2절을 보면 하나님이 모세에게 물으셨다. "네 손에 있는 것이 무엇이냐?" 모세가 대답했다. "지팡이니이다." 단순하고 일상적인 대화가 아닌가? 지팡이는 목자의 가장 기본적인 작업도구였다. 목자는 누구나 지팡이 하나씩은 가지고 다닌다. 하나님은 목자 모세가 가진 도구인 그 지팡이를 활용해서 하나님 나라의 가슴 벅찬 역사를 만들어가셨다.

우리도 우리의 지팡이로 우리 일터에서 직업적인 경륜을 쌓아가고, 하나님 나라를 세우는 능력의 도구로 활용할 수 있다. 지팡이를 통해 무엇을 할 것인지 그 목적을 잊으면 안 된다. 하나님의 영광이 드러나고 하나님의 위대하심이 부각되어야 한다. 내 이름 한 번 내보는 기회로 삼으려고 하면 우리의 지팡이는 부러져서 나를 찌를 것이고 주변 사람을 상하게 할 것이다.

모세의 지팡이가 보여주는 상징은 결국 우리 인생의 목적이기도 하다. "너희는 먼저 그의 나라와 그의 의를 구하라. 그리하면 이 모든 것을 너희에게 더하시리라"(마 6:33). 예수님의 산상수훈 핵심 교훈을 명심하면서 우리가 가진 지팡이를 묵상해보자. 멋진 지팡이로 하나님에게 영광을 돌릴 수 있어야 하나님의 부르심에 응답하는 우리의 인생이 가치 있을 수 있다.

## 03

# 바울의 손수건과
# 앞치마

민간종교나 사이비종교에서 초자연적인 존재의 힘을 빌려 특별한 능력을 보이려는 시도가 있다. 물론 속임수도 많겠지만 주술과정에 특정한 물건이 사용되기도 한다. 그런데 성경에도 병의 치료를 위해 도구가 사용되기도 했다. 오순절에 성령께서 강림하신 후 담대한 사도들이 표적을 일으키고 능력을 행하는 일이 일상적이던 때가 있었다. 당시 사도들의 이적은 특별했다. 병든 사람을 거리에 메고 나와 그 침대와 요 위를 베드로의 그림자가 혹시 덮일까 바랄 정도였으니 말이다. 예루살렘 부근의 수많은 환자가 나음을 얻었다(행 5:12-16).

에베소에서 전도하던 바울에게도 이와 비슷한 사건이 있었다. 두란노 서원에서 복음을 전하던 바울의 '손수건이나 앞치마'를 가져다가 병든 사람과 귀신 들린 자들에게 얹어 치유받은 일을 기록하고 있다(행 19:11-12). 이 일 역시 주술이 아니라 하나님이 바울의 손을 통해 놀라운 능력을 행하신 이적이었다. 오히려 바울을 흉내 내던 마술사들이 악귀들에게 망신을 톡톡히 당했다. 치유 이적의 도구가 된 바울의 손수건과 앞치마에 어떤 의미가 있는지 일터신학의 관점으로 추적해보자.

## 선교사 바울은 에베소에서
## 왜 일을 했는가?

바울의 에베소 전도는 선교사 바울의 전도여행 중에서 제3차 시기에 있었던 일이다. 그곳 에베소에는 제2차 전도여행 때 고린도에서 만나 천막 만드는 일을 함께했던 브리스길라와 아굴라 부부가 먼저 와서 정착하고 있었다. 이 부부는 일하는 전도자의 역할을 다하고 있었는데, 알렉산드리아 출신의 탁월한 강사 아볼로를 예수 그리스도의 복음으로 인도하며 가르쳤다(행 18:24-28).

그 아볼로가 고린도로 갔을 때 바울이 다시 에베소에 전도여행을 와서 어떤 제자들을 만난 일이 있었다. 바울은 이미 예수님을 믿고 있는 몇몇 제자에게 "성령을 받았느냐?"고 물었더니 그들은 금시초문이라 했고, 요한의 세례만 받았다고 했다. 그래서 바울은 요한이 증언한 예수 그리스도를 전하고 복음을 전해주었다. 믿는 그들에게 예수님의 이름으로 세례도 주었다. 바울이 그들에게 안수하자 성령이 임해서 방언도 하고 예언도 하게 되었다. 그런 경험을 한 사람이 열두 사람쯤 되었다고 한다. 열 사람쯤이 아니라 열두 사람쯤이라고 하는 것은 예수님의 열두 제자 혹은 이스라엘의 열두 지파를 염두에 둔 의도적인 평가로 볼 수 있다. 사도행전 기자가 이 사건을 '에베소의 오순절'로 암시하는 느낌을 받을 수 있다.

아마도 이런 경험을 하면서 사도 바울은 에베소를 제3차 전도여행의 핵심 거점으로 삼으려 했던 것 같다. 바울은 하나님이 그렇게 인도하심을 느꼈다. 바울은 어떤 지역을 가든지 유대인이 열 명 이상 있는 곳에는 늘 있던 회당에 가서 전도했다. 에베소에서도 회당에 들어가 석 달 동안 담대히 하나님의 나라에 관해 강론하며 권면했다(행 19:8). 하지만 석 달이면 열 번 이상의 안식일을 확보할 수 있는 꽤 긴 기간이고, 심혈을 기울여 전도했는데 사람들의 반응은 썩 좋지 않았다. "어떤 사람들은 마음이 굳어 순종하지 않고 무리 앞에서 이 도를 비방"했다(행 19:9). 아마도 유대인들의 방해가 심했던 것으로 보인다. 이제 바울은 전도전략의 수정을 모색해야 할 필요를 느꼈다. 여기서 등장하는 장소가 바로 '두란노 서원'이다.

일단 이 두란노 서원은 날마다 강론할 수 있는 곳이었다. 회당에서는 제한된 횟수의 강론을 했던 것과 달리 두란노 서원에서는 평일 내내 강론했던 것으로 보인다. 더구나 우리가 관심을 가지고 살펴볼 바울의 '손수건과 앞치마'를 생각하면 자연스럽게 바울이 하던 천막 만드는 일과 연관되어 있음을 알 수 있다. 가까운 일터에서 일하다가 두란노 서원에서 강론하며 복음을 전하던 바울의 모습을 머릿속에 그릴 수 있다. 그런 일을 2년쯤 했고 전도의 성과도 좋았다.

바울은 소아시아 지방의 수도인 에베소라는 도시의 상징성과 대표성을 염두에 두고 복음 전도의 전략을 세웠다. 많은 사람이 사는 도시였기에 그곳에서 2년이라는 긴 기간 동안 일하면서 전도했다. 먼저 우리는 바울이 에베소에서 왜 일했을까를 확인해봐야 한다. 바울의 몸에서 가져 온 '손수건이나 앞치마'가 일하는 도구였으니 이것을 밝히는 것이 중요하다.

바울이 선교하면서 언제나 일을 했던 것은 아니다. 고린도전서 9장을 보면 바울은 선교사가 교회나 개인으로부터 재정후원을 받는 것에 대해 긍정적인 입장을 가지고 있었다. 사도 베드로가 재정지원을 받으면서 선교하는 것이 당연하다고 강조하기도 했다(고전 9:4). 또한 바울은 영적 가르침을 받는 자들이 가르침을 베푸는 자들을 재정적으로 섬겨야 한다고 강조한 바도 있다(갈 6:6).

다른 여러 선교지에서도 일했지만 에베소에서도 바울은 분명히 일을 했다. 나중에 바울이 에베소의 선교사역을 회고하면서 이렇게 설교했다. "내가 아무의 은이나 금이나 의복을 탐하지 아니하였고 여러분이 아는 바와 같이 이 손으로 나와 내 동행들이 쓰는 것을 충당하여 범사에 여러분에게 모본을 보여준 바와 같이 수고하여 약한 사람들을 돕고 또 주 예수께서 친히 말씀하신 바 주는 것이 받는 것보다 복이 있다 하심을 기억하여야 할지니라"(행 20:33-35). 에베소에서 선교사역을 하는 동안 바울은 자신과 동행하는 선교팀의 생활비를 벌었고, 그런 모범을 에베소의 장로들이 따르기를 바라면서 고별 메시지를 전했다.

이렇게 바울이 육체노동을 해서 생활비와 선교재정을 확보하면서 에베소에 머무는 기간 중 두 해를 두란노 서원에서 날마다 강론했다. 이때 사람들이 심지어 바울의 몸에서 손수건이나 앞치마를 가져다가 병든 사람에게 얹어서 병을 낫게 하고 귀신이 나가게 하는 하나님의 이적을 경험했다. "하나님이 바울의 손으로 놀라운 능력을 행하게 하시니 심지어 사람들이 바울의 몸에서 손수건이나 앞치마를 가져다가 병든 사람에게 얹으면 그 병이 떠나고 악귀도 나가더라"(행 19:11-12). 여기에서 '손수건이나 앞치마'가 등장한다. 도대체 웬 것들이었을까?

손수건은 작업할 때 땀을 닦거나 머리에 두르는 끈이었고, 앞치마는 바울의 장막 만드는 작업과 연관된 보조작업복이었다. 바울은 오전에 일하다가 두란노 서원에서 복음을 전하게 될 때 작업복을 갈아입을 여유가 없었거나 여분의 옷이 없었기에 작업복을 입은 그대로 가서 청중에게 복음을 전했다. 일터에서 드리는 예배에서는 이렇게 일하던 차림 그대로 예배드리는 모습을 종종 볼 수 있다. 전에 한 호텔의 사목으로 섬길 때 주일에 직원 예배를 드리면 일하던 복장 그대로 예배에 참석하던 직원들이 생각난다. 울산에 있는 한 자동차 공장 근처에 위치한 교회의 평일 저녁 제자훈련 모임에서도 퇴근 후 작업복 차림으로 참석한 사람이 꽤 많았던 기억이 난다.

## 두란노 서원 : 일터선교의
## 전략적 거점

'두란노 서원'에 대해 한일장신대학교 박영호 교수는 초대교회를 사회사적으로 해석하면서 '두란노 공장'이 더 합당하다고 주장한다. '서원'이라고 번역된 헬라어 '스콜레'는 본래 여가활동을 뜻하는 단어에서 파생하여 영어단어 'school'의 의미와 같이 공부하는 제도나 건물을 가리키게 되었다. 그래서 상류층 사람들이 모여 강의를 듣고 공부하는 장소를 의미했다. 하지만 '스콜레'는 주후 1세기 당시에는 중소 상공인들이 자신의 일터를 가리키는 말로 쓰기도 했다. 바울의 손수건이나 앞치마 같은 가죽작업을 위한 도구가 언급되는 것을 봐도 바울이 몇몇 동역자와 함께 두란노 공장에서 일하면서 쉬는 시간을 이용해 성경을 공부했다는 것이 더욱 가능성 있는 해석이라고 주장한다. 좁은 공간에 사람이 꽉 들어차 있었기에 움직일 수도 없어 손수건이나 앞치마를 건네주었을 것이고, 일하는 차림 그대로 땀 냄새 나고 몸을 움직이기도 힘든 공간 속에서 예배드리고 공부하던 모습을 상상한다(박영호, "초대교회의 삶의 현실에 가깝게 다가서려면" in 「하나님의 나라 QT」(고양: 씨앗과숲, 2016년 1/2월호), 21-23쪽).

일하던 모습 그대로 예배에 참석할 수밖에 없는 일터 예배는 오늘날의 직장 예배, 혹은 신우회 예배를 연상시킨다. 1990년에 한 회사의 신우회를 섬기는 일을 계기로 지금까지 오랫동안 신우회 예배를 인도하고 직장사역을 하는 나에게는 너무도 친숙하고 설득적인 해석이라서 반가웠다. 그런데 자신의 상황에 부합하고 입맛에 맞는다고 해서 그쪽으로 마음이 기울어 성경을 해석하면 오류에 빠질 가능성도 있다. 본문을 여러 번 읽고 생각하다 보니 의문이 생겼다. 두란노 공장에서 일하던 바울이 일을 쉬는 낮 시간에 날마다 2년 동안 모여서 성경을 공부하고 전도를 한다고 해서 "아시아에 사는 자는 유대인이나 헬라인이나 다 주의 말씀"(행 19:10)을 듣는 결과가 나타날까? 뭔가 좀 어색함이 느껴졌다. 천막을 만드는 가내 수공업 규모의 작은 공장에서 있었던 성경공부 모임보다 규모가 큰 모임이라는 생각이 들었다.

뒤에 일어난 마술하는 사람들의 회심 사건이나 은으로 우상을 만드는 장인들의 불만으로 인한 소동과 같은 사건들(행 19:13-41)을 보면 누가가 말하는 대로 "주의 말씀이 힘이 있어 흥왕하여 세력"(20절)을 얻은 큰 부흥이 있었음을 알 수 있다. 그렇다면 두란노 서원은 보다 규모 있고 공적인 장소이며 강의를 위해 개방된 학교 형태였을 가능성이 더 크다.

F. F. 브루스 박사가 해석하는 대로 유대인들의 반대로 회당에서 전도하기를 포기한 바울이 두란노라는 사람의 이름이 붙은 '강의장'을 전도의 장소로 삼았다고 보는 편이 더욱 신빙성이 있어 보였다. 더구나 본문의 서방사본들(Western Texts)은 바울이 강의한 시간이 5시부터 10시까지, 즉 현재의 우리 시간으로 오전 11시에서 오후 4시까지라고 기록하고 있다. 이 시간은 당시의 지중해 지역 로마 사회 도시에서 공적인 활동이 정지되는 휴식시간이었다. 요즘에도 지중해 지역인 스페인, 이탈리아, 그리스 같은 나라나 남미 지역, 남부아시아의 베트남, 심지어 중국 같은 나라에도 있는 '시에스타'가 바로 이것이다. 지금도 스페인에서는 다른 나라들보다 길게 오후 1시부터 4시까지가 시에스타이다.

그러니 이 해석에 따르면 바울은 아침 일찍부터 시작한 오전 시간에 천막 만드는 일을 하다가 점심 겸 휴식시간에 두란노 서원에서 특별하게 마련된 강의시간에 모인 사람들에게 강의하며 전도했다고 볼 수 있다. 자신도 기꺼이 휴식시간을 희생했고, 역시 낮잠과 휴식시간에 찾아온 청중들을 대상으로 전도했다(F. F. 브루스, 「사도행전(하)」(서울: 아가페, 1986), 170-171쪽).

덧붙여 여러 학자의 상상을 보태어 생각해볼 수 있다. 바울은 복음 전도를 위한 에베소의 전략적인 중요성을 인식하고, 효과적이며 지속적인 복음 전도의 장소를 물색했다. 그래서 비록 임대비용은 들었지만 두란노 서원으로 장소를 정했다. 바울이 강의하던 낮 시간 동안은 두란노 서원에서 하던 기존의 강의는 휴식했기에 아마도 저렴하게 빌렸을 가능성이 있다. 두란노 서원은 주로 철학자들의 강의를 들을 수 있는 곳인데, '여가'를 보내는 귀족계급의 사람들이 오전과 오후 시간에 강의를 들으면서 휴식시간인 낮 시간에 하는 바울의 강의를 들었을 가능성도 있다. 2년간이나 지속되었고, 사람이 많이 모이다 보니 자연스럽게 알려졌기 때문이다. 혹은 호기심이 생겨서 구도(求道)의 자세로 바울의 강의를 들었던 사람도 있지 않았을까? 그런 사람이 많았기에 성경은 "아시아에 사는 자는 유대인이나 헬라인이나 다 주의 말씀을 듣더라"(행 19:10)고 기록한다.

그렇다면 바울이 아마도 상당한 금액이었을 두란노 서원의 강의실 임대료를 어떻게 감당했을까? 별걸 다 걱정한다고 웃을 수도 있으나 이런 추측이 바울의 손수건과 앞치마를 살펴보는 일에 있어서 핵심적이다. 성경은 이렇게 우리의 삶에서 겪는 일상적인 문제도 비껴가지 않는다. 진지하게 생각해봐야 한다.

두란노 서원의 임대료가 재정적인 부담이 되었기에 바울은 열심히 일할 수밖에 없었다. 옷 갈아입을 시간도 없이 손수건과 앞치마를 가진 채 강의장에 가야 할 정도로 날마다 오전 시간에 일했고, 오후 4시 이후에는 다시 작업장에 가서 밤까지 일했다고 상상해볼 수 있다(살전 2:9 참조). 바울뿐만 아니라 당시 에베소에 있던 동역자 브리스길라와 아굴라 부부도 역시 일을 해서 강의실 임대료를 충당했을 수도 있다.

또한 강의에 참석하는 사람들이 장소비와 비용을 부담하는 헌금을 했을 수도 있다. 아니면 이것은 어떻게 생각하는가? 두란노 서원의 주인인 두란노가 회심자였을 수도 있다. 두란노라는 이름이 '폭군'(tyrant)을 가리키는 단어여서 어떤 사람은 이 사람이 꽤 문제 있는 사람일 것이라는 추측도 한다. 그런데 아마도 '폭군'이라는 의미는 나중에 추가되었거나 다른 뜻, 예를 들어 '군주'와 같은 의미로 사용되었을 것이다. 설령 자신이 폭군이라고 해도 '폭군'이라고 이름을 짓는 사람이 있겠는가? 여하튼 이런 이름을 가진 서원의 주인 두란노가 예수님을 믿게 되었다면 강의장을 싸게 임대해주었을 수도 있다. 혹은 파격적으로 무료로 임대해주었을 가능성도 있다. 전적으로 상상이지만 다양한 가능성을 생각해볼 수 있다.


## 바울의 손수건과 앞치마,
## 일터에서 능력을 행하는 도구


그런데 바울의 손수건과 앞치마라는 물건 자체가 중요한 것은 아니다. 바울이 선교하면서 일을 했다는 사실이 더욱 중요하다. 오늘날에도 흔하지 않은 모습이지만 더구나 당시 헬라문화권에서 철학자처럼 특정한 사상을 사람들에게 전하며 활동하던 바울을 고려할 때 그가 일을 했다는 사실은 대단히 충격적이었다.

당시에 헬라문화권에서 순회하면서 가르치는 일을 하는 철학자가 생계를 유지하며 학문을 하는 여러 가지 방법이 있었다. 부유한 귀족의 후원을 받으면서 학문활동을 하는 철학자는 가장 행복했다. 두란노 서원의 주인 두란노가 철학자들을 후원하는 독지가였을 가능성이 있다. 두 번째는 그런 독지가는 아니더라도 철학에 관심 있는 여러 사람의 헌금(gift)을 받아 생계를 유지하는 방법이었다. 세 번째는 악사들처럼 사람이 많이 모이는 길거리에서 강의하며 일종의 '구걸'을 하는 방법이었다. 그렇게 하지도 못하는 철학자가 생계를 위해 택하는 마지막 방법이 바로 자기 손으로 육체노동을 하는 '일'이었다.

고대 헬라인들에게 있어서 육체노동은 '저주' 그 자체였다. BC 8~9세기경의 시인 호머는 인간을 미워한 신이 앙심을 품고 인간을 고생시키는 것이 일이라고 했다. 동시대의 시인이자 농부였던 헤시오도스는 신이 인간에게 진노해서 그들의 음식을 땅 아래 파묻었다고 기록했다. 철학자 아리스토텔레스는 일이란 가능하면 노예들에게 맡겨야 하는 것이라고 생각했다. 또한 이익을 얻기 위해 하는 일은 그 자체로 저주가 될 수 있다고 했다(조안 시울라, 「일의 발견」(서울: 다우출판사, 2005), 65-66쪽).

이런 육체노동에 대한 헬라철학의 편견으로 볼 때 바울은 당시 선교 대상인 이방인, 즉 헬라문화권에 속한 사람들의 비난을 무릅쓰고 일했음을 알 수 있다. 바울은 가르치는 사람으로 일종의 철학자였다. 그런데 헬라문화권 사람들의 비웃음을 감수하면서도 굳이 일을 했다.

바울의 일에는 그의 전도 대상자들에게 비난받아 마음을 닫을 수도 있는 우려보다 더 중요한 의미가 함축되어 있었기 때문이다. 여러 가지 이유가 있었겠지만 바울은 선교하면서도 일을 통해 삶의 모범을 보여주려고 했다. 뒷날 에베소교회 장로들과 작별할 때도 "범사에 여러분에게 모본을 보여준 바와 같이 수고"(행 20:35)하라고 권했다. 데살로니가후서에서도 "오직 스스로 너희에게 본을 보여 우리를 본받게 하려 함이니라"(3:9)고 말했다.

바울이 보인 본이 무엇인가? 손수건이나 앞치마라는 도구로 표현되는 일과 중 휴식시간에 했던 전도이다. 옷을 갈아입을 여유도 없었거나 여분의 옷도 없었기에 작업복 그대로 청중에게 복음을 전할 수밖에 없었던 상황이 에베소에서 열심히 '일하는 전도자'의 모범을 그들에게 보여주었다. 이런 맥락에서 우리는 바울의 손을 통해 능력을 행하게 하신 도구로 사용된 손수건과 앞치마의 중요성과 의미를 살펴보아야 한다. 하루의 일과 중 휴식시간에 모인 열악한 복음 전도의 마당이었다. 모인 사람이 많아서 직접 가서 안수하며 기도할 수도 없는 상황이었다. 그래서 손에 손을 통해 전달되는 손수건을 상상해보라. 땀을 닦고 손을 닦는 개인적인 용도로 쓰기에 다른 사람의 손에 건네기도 민망한 개인 물품이 바로 손수건 아닌가? 그것을 손에 손을 통해 전달하면서 하나님의 능력으로 사람을 치유하는 광경을 상상해보라. 이렇게 열악한 조건에서도 손수건이 하나님 나라의 복음을 전파하며 치유를 가능하게 하는 강력한 도구가 된 것이 얼마나 감사한지 모른다!

바울과 초대교회 성도들에게는 일과 복음 전도가 하나였던 사실을 손수건과 앞치마가 보여주고 있다. 일하는 것이 곧 전도이다. 손수건을 들고 앞치마를 착용한 채 지친 몸을 이끌고 두란노 서원의 강의실에서 강의하는 바울이 "주는 것이 받는 것보다 복이 있다"(행 20:35)는 예수님의 말씀을 전하고 "무슨 일을 하든지 마음을 다하여 주께 하듯 하고 사람에게 하듯 하지 말라"(골 3:23)고 했을 때 그 말씀이 얼마나 설득력이 있었을지 상상해보라.

바울 자신이 그렇게 일하고 돈을 벌어서 사람에게 복음을 전하는 삶을 살았다. 바울은 천막을 만들면서 주님이 거하실 장막을 지었던 셈이다. 일을 시작할 때부터 마칠 때까지 가죽과 작업도구를 놓지 못해 못이 박힌 그의 손을 들어서 바울은 성도들에게 예수님의 축복을 전했다. "주 예수 그리스도의 은혜와 하나님의 사랑과 성령의 교통하심이 너희 무리와 함께 있을지어다"(고후 13:13). 상처가 덧씌워져 투박했을 그 손으로, 역시 일하다가 설교를 들으러 온 사람들을 배웅하며 손을 잡아주었을 것이다.

바울의 이런 모습을 상상하면 나는 참 부끄럽다. 일터사역자로 제대로 살고 있는가, 질문하며 사도 바울을 배우려고 노력한다. 바울의 손수건과 앞치마를 생각하면서 배우기를 결심한다. 일하는 곳에서 전도의 기회가 생긴다는 사실을 기억하면 좋은 기회를 포착할 수 있다.

갈 수 없으면 손을 뻗고, 우리의 손수건과 앞치마를 던져서라도 하나님의 능력이 나타나게 해야 한다. 오늘 우리가 일하는 도구로 주님의 능력이 나타나게 해야 한다. 물론 바울의 손수건과 앞치마 그 자체가 능력의 원천은 아니다. 하나님이 바울의 손으로 놀라운 능력을 행하게 하셨다. 손수건과 앞치마가 바로 그 능력의 도구이다.

오늘도 일하면서 우리가 챙겨야 할 하나님의 능력의 도구는 무엇인가? 당신의 손수건을 잘 찾아보라. 평소에 일하는 작업복인 앞치마를 잘 챙겨두어야 한다. 주님이 우리의 일터에서도 역사하신다.

## 04
# 요셉의 곡식창고

'창고'라고 하면 어떤 느낌이 드는가? 안 쓰는 물건과 잡동사니를 쌓아두는 다용도실이나 베란다 구석을 생각하지는 말라. 큰 트럭으로 끝없이 실어 나르도록 물건이 가득 들어차 있는 거대한 물류창고를 떠올리면 우리가 생각하는 창고와 조금 더 가깝다. 물류창고에 가서 직원들이 일하는 곳에서 예배드리고 박스작업도 해보는 기회를 가진적이 있다. 먼지 많은 곳에서 정리하기 막막하여 힘들고 고된 일이 창고작업이었는데, 창고 일에 대한 의미를 곰곰이 생각해보았다.

어떤 쇼핑몰 회사에서는 신입직원을 뽑아서 먼저 창고업무를 몇 개월하게 한 후 관리업무나 다른 업무부서에 배치한다고 한다. 자신이 입사한 회사가 어떤 일을 하는지, 현장부터 접하면서 배우게 한다는 의미일 것이다. 그런데 요즘에는 신입사원 시절에 그렇게 힘들게 일을 시키면 이직률이 높아서 그렇게 하지도 못한다는 이야기도 들었다. 하지만 창고에는 남다른 의미가 있다.

요셉의 인생은 '창고'로 정리할 수 있다. 예수님의 비유 속에 등장하는 부자 농부처럼 그날 밤 죽을 것을 알지 못하고 남은 곡식을 저장하려고 한 탐욕의 창고가 아니었다. 죽을병에 걸렸다가 하나님의 기적으로 살아난 히스기야 왕이 바벨론 왕의 사신들에게 저장한 보물과 무기를 다 보여준 교만의 창고도 아니었다. 죽어가는 사람들을 살려낸 구원의 창고였다. 세상 사람들이 기근으로 고통받을 때 알곡으로 가득 찬 창고를 열어 사람들을 유익하게 한 축복의 창고였다. 바람직한 창고란 모름지기 세 가지 요소를 갖추어야 한다.

## 예측 : 하나님의 지혜로 판단하여
## 효과적으로 설득하라

창고의 첫 번째 요소는 예측이다. 무엇을 저장할 것인지, 어떻게 저장할 것인지, 언제까지 저장해야 하는지 잘 예상해야 한다. 그렇다면 족집게 도사라도 되어야 가능할까? 해마다 연말이 가까워지면 다음 해의 트렌드를 분석하고 예측하는 기사와 자료, 그리고 책이 여러 종류 나온다. 새해에 대한 예측이 맞는 경우도 있지만 빗나가는 경우도 허다하다.

예측이 필요한 직업인이 여러 분야에 있다. 증권사 직원도 예측이 필요한 대표적인 직업인인데, 그들은 주가를 어떻게 예측하는가? 증권사 신우회원들의 하룻밤 수련회에서 이야기를 들었다. 주가 예측은 공부, 수학 실력 같은 건 다 필요 없이 그저 '동물적인 감각'이 해답이라고 했다. 그런데 결국 "주가는 하나님만 아신다"고 한 발짝 물러서며 거룩하게(?) 결론지었다. 누구도 주가를 예측하기가 쉽지 않다는 고민을 느낄 수 있었다. 예측은 본래 어려운 일이다.

요셉의 경우에는 하나님이 주신 지혜로 미래를 예측할 수 있었다. 예측의 능력을 확보하는 한 방법을 '하나님이 알려주시는 것'이라고 주장할 수 있다. 하나님이 주시는 지혜만으로 예측할 수 있는 것은 아니다. 그런데 하나님의 지혜가 정확하게 예측하게 할 수 있다. 확률이 어떤 것이 높은지는 평가해봐야 한다. 선불리 하나님의 지혜에 대해 예단하면 안 된다.

요셉에게 배울 점이 분명히 있다. 요셉은 애굽의 왕 바로의 꿈을 해석하기에 앞서 바로가 요셉의 해몽 능력을 칭찬하자 이렇게 강조했다. "내가 아니라 하나님께서 바로에게 편안한 대답을 하시리이다"(창 41:16). 요셉은 자기가 말하는 꿈의 해석은 바로 하나님의 능력 때문에 가능한 것이라고 분명하게 못 박았다.

요셉이 애굽의 왕 바로 앞에서 이렇게 하나님을 언급하며 '깃발'을 올린 일은 대단히 용기 있는 행동이었다. 요셉은 수많은 신을 섬기면서도 자신의 하룻밤 꿈도 해몽하지 못하는 바로의 코를 납작하게 해줄 말 펀치를 날렸다. "바로의 꿈은 하나라. 하나님이 그가 하실 일을 바로에게 보이심이니이다"(창 41:25).

거기서 그치지 않고 또 한 번 "내가 바로에게 이르기를 하나님이 그가 하실 일을 바로에게 보이신다 함이 이것이라"(창 41:28)고 강한 훅을 던진 후 마지막으로 카운터펀치를 날렸다. "바로께서 꿈을 두 번 겹쳐 꾸신 것은 하나님이 이 일을 정하셨음이라. 하나님이 속히 행하시리니"(창 41:32). 처음부터 끝까지 하나님이 보여주신 일이고, 하나님이 속히 행하실 것이며, 하나님이 해결책도 가지고 계신다고 말끝마다 하나님의 이름을 들먹이고 있다.

사실 요셉은 당시 애굽의 왕 바로가 어떤 존재인지 잘 알고 있었다. 바로는 신적인 존재로 태양신 '라'의 아들이었다. 애굽의 그 많은 신을 섬기는 일을 주관했고, 하늘 위의 땅의 주인이자 하늘 아래 땅의 주인이었다. 신이면서 동시에 사람인 신인(神人)이었다고 이해하면 된다. 애굽 궁궐 가까이에서 십여 년 동안 지내며 요셉은 그런 바로 왕의 존재에 대한 상식쯤은 가지고 있었다.

그런데도 요셉은 바로에게 하나님의 이름을 다섯 번이나 언급하면서 확신 있게 말했다. 하나님이 주신 지혜였다. 이렇게 하나님의 지혜로만 미래를 예측할 수 있다. "일곱 마리 소와 일곱 이삭은 칠 년의 풍년과 흉년을 말합니다. 칠 년 풍년이 애굽 땅에 있을 것입니다. 그리고 그 풍년을 잊을 만큼 극심한 흉년이 들 것입니다. 그것을 대비해야 합니다." 이렇게 명쾌하게 이야기할 만큼 요셉은 자신이 있었다. 하나님이 주신 안목과 지혜를 가지고 예측했기 때문이다.

요셉이 보여준 대로 하나님의 지혜로 하는 예측은 이런 패턴이다. 하나님이 요셉에게 미래를 예언하는 능력을 주셨다. 그리고 요셉은 하나님이 주신 지혜라는 사실을 강조해서 애굽 왕 바로에게 이야기하며 설득했다. 하나님이라는 신의 이름을 반복하며 강조했다. 이것은 과잉 종교성으로 포장하는 태도가 아니다. 목숨을 걸고 고백하는 것이었다. 이런 용기와 하나님을 향한 충성이 있으니 하나님이 요셉에게 지혜를 주시고 바른 판단을 하게 해주셨다.

우리가 예측을 제대로 하려면 어떻게 해야 할지, 요셉에게서 방법을 배울 수 있다. 이렇게 하나님의 지혜를 추구하는 것은 우리가 예측하기 위해서 생각을 많이 하고 공부도 많이 하면서도 잊지 말아야 할 기본적인 태도라고 볼 수 있다. 하나님의 지혜만 구하고 다른 어떤 일도 하지 않는 것이 아니라 하나님의 지혜를 구하면서 예측을 위한 지식을 얻을 수 있다는 말이다.

그런데 애굽 백성들은 제대로 예측하지 못했다. 요셉이 7년 풍년 뒤에 극심한 7년 흉년이 올 것이라고 분명히 예측했는데, 그 말을 제대로 믿지 않았다. 7년간 풍년이 드는 것을 봤으면 이후 흉년이 7년간 연속해서 들 것을 왜 예측하지 못했는가? 애굽 백성들은 흉년이 2년밖에 지나지 않았는데 곡식을 사먹느라 그동안 모은 돈을 다 썼고, 자신의 집과 토지와 가축, 심지어 자신의 몸까지 팔아야 했다.

요셉이 풍년 때 전체 소출량의 20퍼센트를 수매하여 국가적인 사업으로 창고에 저장했지만 백성들도 남은 곡식을 저장했다. 그렇다면 백성들은 곡식을 제대로 저장하지 못해서 막상 흉년 기간에는 곡식을 활용할 수 없었다고 설명할 수밖에 없다. 어떻게 이런 일이 생겼는가? 아무리 극심한 흉년이 들었더라도 3년도 채 되기 전에 애굽 사람들이 빈털터리가 되었다니 좀 이상하지 않은가? 나머지 4~5년 동안 애굽과 고대 근동지방 사람들을 먹여 살릴 수 있을 만한 양의 곡식은 요셉이 관리책임을 진 애굽의 국가창고 안에만 있었다. 요셉이 풍년 7년 동안 20퍼센트의 세금을 거둔 것에 대해 성경은 이렇게 표현한다. "쌓아 둔 곡식이 바다 모래같이 심히 많아 세기를 그쳤으니 그 수가 한이 없음이었더라"(창 41:49). 국가기관에서 업무를 수행하면서, 더구나 위기상황을 대비한 일을 수행하면서 비축한 양곡의 양을 측정할 수 없을 정도였다니 상상이 되는가? 얼마나 큰 풍년이 들었는지 우리는 충분히 상상할 수 있다. 요셉은 그만큼 많은 양의 곡식을 저장할 수 있었다.

애굽 백성들도 풍년 기간 동안 마음껏 먹고 남은 곡식을 당연히 저장했다. 아마도 요셉이 국고성을 여러 곳에 지어 저장한 곡식의 양보다 백성들이 각자 저장한 양이 더 많았다고 추정할 수 있다. 그렇다면 그들이 저장한 곡식은 어떻게 되었을까? 곡식은 온도와 습도를 잘 유지해주어야 제대로 저장할 수 있다. 본래 곡식이란 쉽게 벌레가 나고 썩는다. 애굽 백성들은 곡식 저장을 제대로 하지 못했기 때문에 그런 심각한 사태를 겪어야 했다. 창고에서 중요한 점은 바로 저장의 문제이다.

## 저장 : 경험을 최대한
## 활용하여 준비하라

미래 예측의 정확성을 인정받은 요셉은 창고를 운영할 자리에 임명되었다. 애굽 제국의 위기상황을 감안해서 실권 1인자인 총리가 되었다. 그래서 요셉은 애굽 전국에 창고를 준비했다. 창고의 두 번째 요소는 '저장'이다. 창고는 효과적으로 잘 저장하는 기능을 갖추어야 한다. 시간이 지나면 저장한 물건의 가치가 줄어들기도 하고, 오히려 손해를 볼 수도 있다. 잘 저장하는 기술이 쌓여야 창고의 효과를 제대로 발휘할 수 있다.

요셉이 창고를 준비한 내용은 바로 왕 앞에서 브리핑할 때 이미 계획되어 있었다. 여유 있고 풍족할 때 곡식을 저장해서 준비를 제대로 했다. 세상 사람들이 고통받을 때가 있을 것을 미리 알고 창고를 준비했다. 요셉은 애굽의 여러 곳에 거대한 창고를 지었다. 애굽 백성들과 달리 요셉은 국가 시스템을 활용해서 대규모 국책사업으로 곡식을 저장하여 흉년을 대비했다.

요셉은 풍년 때 한 해에 생산하는 곡식의 양을 잘 파악했다. 그래서 애굽 전역에서 생산되는 곡식의 20퍼센트를 세금으로 거두어 저장했다. 그런데 요셉은 그 많은 곡식을 썩지 않게 저장하는 방법을 알고 있었다. 풍년이 7년간 연속되고, 그 후에는 7년간 흉년이 드는 상황은 결코 흔한 경우가 아니었다. 농사 작황을 예측한다면 이런 예측을 할 사람은 없다. 과거의 기후 통계를 기록해 확인했더라도 이런 기후 패턴은 발견하기 힘들었을 테니 그것은 하나님의 역사가 분명했다.

만약 한두 해 풍년, 또 한두 해 흉년이 차례로 들었다면 곡식을 저장하기가 훨씬 수월했을 것이다. 풍년 때 창고에 곡식을 채웠다가 흉년 때 사용해서 비우면 되었다. 그런데 7년씩이나 풍년이 계속된다면 이것은 보통일이 아니었다. 도대체 저장시설을 얼마나 지어야 했겠는가? 애굽 백성들이 세금으로 낸 20퍼센트 외에 백성들은 80퍼센트의 곡식을 가지고 있었으면서도 제대로 저장하지 못했던 이유가 여기에 있다. 백성들은 곡식을 저장할 만한 창고를 제대로 짓지 못했다. 혹시 창고를 지었더라도 풍년이 끝나면 7년 흉년이 오는데 그때 그 창고를 어떻게 운용할 수 있었겠는가? 이렇게 저장을 위한 창고를 운용하는 일은 만만하지 않다.

유럽의 남서부에 있는 이베리아 반도 북서부 지방에 곡물을 저장하는 '오레오'(Horreo)라는 건축물이 15세기부터 많이 지어졌다. 초창기에는 목조였으나 이후 석조 건물로 지어졌는데, 그쪽 지방은 일년 중 비가 오는 날이 많기 때문에 습기를 피하기 위해 1m 높이의 기둥들을 세우고 그 위에 창고 건물을 지었다. 쥐 같은 설치류가 침입하는 것을 막고 환기를 위해 가는 창을 사방 벽에 만들어 둔 창고 건물들이 지금도 남아 있다.

요셉도 당시 애굽의 상황에 맞게 건조한 내륙 지역과 나일 강이 가까운 습한 지역의 차이를 감안하고 7년의 저장기간도 감안해서 창고를 짓고 곡식을 저장하는 방법을 강구했을 것이다. 온도와 습도를 잘 유지해주는 방법을 찾기 위해 전문가들을 위촉하고 짜임새 있게 태스크 포스를 꾸려서 일을 해나갔을 요셉의 모습을 떠올릴 수 있다.

나중에 정작 흉년을 겪고 나니까 요셉의 곡식 저장방법이 탁월했음을 확인할 수 있었다. 애굽 백성들도 7년간 연속되는 풍년을 두 눈으로 봤으니 흉년이 7년 계속될 것을 모르지 않았다. 그런데 백성들도 나름대로 준비했을 테지만 흉년이 2년 끝나고 나자 그들은 완전히 알거지가 되었다. 그런데 요셉의 창고는 이후 남은 흉년 5년 동안 매년 백성들에게 양식과 종자를 나눠주면서 농사짓게 하고 국가 살림을 운영할 정도로 충분했다.

요셉이 조성한 창고의 비밀이 무엇이었을까? 요셉은 곡식을 저장하는 방법을 제대로 알고 있었다. 물론 규모의 차이를 고려하긴 해야 한다. 애굽 백성들이 저장한 창고는 개인 창고이고, 기껏해야 동네 창고였다. 그런데 요셉은 국가사업으로 한 성읍 주위의 밭에서 생산되는 곡식을 각 성읍 안에 효과적으로 저장했다. 도시별로 계획해서 창고를 짓고 곡식 저장을 체계적으로 했다.

물론 애굽의 국가 정책에 관한 일을 요셉이 혼자 북 치고 장구 치듯 하지는 않았다. 그런데 요셉이 진두지휘해서 기획하고 사람을 세우고 조직하여 정책을 추진했다고 상상할 수 있다. 그런데 성경에서 이야기하는 요셉의 삶의 정황을 자세히 살펴보면 요셉이 곡식 창고를 운영해봤던 실무 경험들을 추적하는 일이 가능하다.

요셉의 창고 경험을 세 가지 정도로 생각해볼 수 있다. 첫째는 어린 시절에 겪은 집안의 농사 경험이다. 요셉은 어린 시절에 곡식을 추수하는 꿈을 꾸었다. 요셉의 집이 전통적으로 유목을 주 종목으로 삼은 집안이었지만 농사도 지었음을 알 수 있다. 할아버지 이삭 때도 블레셋 땅에서 곡식 농사를 지어 100배나 소출을 거둔 적이 있다. 당시 50배의 소출을 얻으면 풍년이라고 했으니 풍년의 두 배 소출을 얻은 셈이었다. 이런 풍년을 요셉은 이미 경험해보았다. 이때 요셉은 자연스럽게 곡식을 오래 저장하는 방법을 배웠을 것이다.

둘째, 요셉은 애굽 바로의 친위대장 보디발의 집에서 종살이를 할 때 창고업무와 저장법을 체계적으로 배웠다. 보디발의 집에서 요셉은 많은 농사를 짓는 일을 책임지고 있었다. 당시 보디발 장군이 정복전쟁에서 승리하면 바로 왕이 하사하는 봉토가 늘어났다. 그 땅에서 노예의 노동력을 활용하여 농사를 지어 수확하는 일이 요셉의 주된 업무였다. 그리고 곡식을 잘 보관하다가 적절한 시기에 유통하여 수익을 얻었다. 요셉이 그 일을 책임진 후부터 여호와의 복이 보디발의 집과 밭에 있는 모든 소유에 임했다고 성경은 기록한다(창 39:5). 이렇게 이미 보디발의 집에서 요셉은 성공적인 창고 운영의 경험을 쌓았다. 이런 지식이 애굽의 창고를 운용하는 데 얼마나 도움이 되었겠는지 우리는 충분히 상상할 수 있다.

셋째는 보디발의 집에 있던 감옥에서 요셉이 했던 경험이다. 사실상 우리는 감옥 경험은 요셉에게 아무런 도움도 되지 않았을 것이라고 넘겨짚을 수 있다. 그러나 요셉의 감옥생활은 고생한 요셉에게는 미안한 이야기지만 그의 인생을 볼 때 매우 유익한 경험이었다. 요셉이 갇힌 감옥은 좀도둑이 들어오는 일반감옥이 아니었다. 친위대장 보디발의 집안에서 운영하던 왕의 특별감옥으로 애굽 왕 바로의 측근 신하 중에 죄를 지은 사람이 들어오는 곳이었다.

성경에서 요셉이 만났다고 진술하는 술 맡은 관원장과 떡 굽는 관원장은 바로의 측근 신하였다. 요셉이 투옥된 기간에 그 두 사람만 감옥에 들어왔겠는가? 더 많은 사람이 그 감옥을 드나들었다고 추정할 수 있다. 요셉이 간수장 대신에 감옥의 모든 일을 책임 맡아 했다는 기록을 보면 요셉에게 할 일이 없지 않았다. 그렇게 보디발의 집 감옥에 들어온 사람들 중에 오늘날의 '농림축산식품부' 장관쯤 되는 사람이 들어오지는 않았을까? 아니면 농업정책국장이나 식량정책관쯤 되는 사람이 감옥에 들어오지는 않았을까?

요셉은 감옥에 들어온 농업과 관련된 죄수들에게 농사와 곡식 저장에 대한 지식을 얻기만 한 것이 아니었다. 그 죄수들을 통해 애굽의 궁궐 안에서 벌어지는 일을 파악할 수 있었다. 요셉은 감옥에 앉아서 바로의 신하들이 하는 일이 무엇인지, 그들의 권력 관계와 궁궐에서

경쟁하며 벌이는 음모와 협잡까지 다 들어서 파악했다. 이런 것들이 감옥 안의 요셉에게는 매우 유익한 '고급 지식'이 되었다.

중요한 사실 한 가지는 요셉의 인생 과정마다 지식을 얻는 중요한 기회가 있었다는 점이다. 이 사실을 놓치면 안 된다. 하나님의 나라에는 쓰레기통이 없다. 괴롭고 힘들어서 잊어버리고 싶지만 그 경험이 참 쓸모 있고 귀하다. 오늘 우리도 마찬가지다. 우리가 겪는 모든 일이 우리 인생에서 다 유익하다. 그래서 단 하루도 허투루 버릴 날이 없다.

요셉의 곡식 저장과 준비 과정에서 우리가 한 가지 배울 수 있어야 한다. 요셉은 애굽 전국에 거대한 창고를 운영하기까지 작은 규모의 창고를 운영할 기회를 여러 번 가졌다. 그때 요셉이 "이 창고는 작고 시시하다"면서 창고를 대충 운영했다면 나중에 당시 세계에서 가장 규모가 큰 창고를 제대로 운영할 수 있었을까? 작은 창고를 제대로 다루어보지 못한 사람은 큰 창고를 운영할 수 없다. 하나님이 우리에게 큰 창고를 맡겨주시기를 기대한다면 우리는 오늘 우리에게 주어진 창고에 집중해야 한다. 그 창고에서 최선을 다해야 한다. 그 창고에서 지식의 알곡을 가장 효과적으로 저장할 방법을 연구해야 한다.

곡식을 저장하며 준비하는 것과 관련해서 한 가지 문제를 더 생각할 수 있다. "까마귀를 생각하라. 심지도 아니하고 거두지도 아니하며 골방도 없고 창고도 없으되 하나님이 기르시나니 너희는 새보다 얼마나 더 귀하냐?" 누가복음 12장 24절에 기록된 예수님의 말씀이다. 까마귀에게는 창고가 필요 없다. 하나님이 다 기르시기 때문이다.

그러면 우리가 창고를 준비하고 어떻게 저장할까 고민하는 것은 하나님을 믿지 않는 불신앙인가? 미래를 위한 준비는 하나님을 향한 신뢰가 부족한 것인가?

아니다. 우리는 까마귀가 아니기 때문에 창고가 필요하다. 까마귀는 제 한 몸 먹고 살고, 또 새이기 때문에 창고가 없어도 먹고살지만 우리는 창고가 있어야 한다. 우리는 창고를 통해 나 하나 잘 먹고 잘사는 목표를 가진 사람이 아니기 때문이다. 창고를 통해 세상을 구원해야 한다. 그래서 우리가 창고에 채운 물건들은 유통을 제대로 해야한다.

## 유통 : 지식의 알곡을 팔아
## 세상을 구원하라

왜 우리는 곡식창고를 짓고 그 안에 알곡을 저장해야 하는가? 창고의 사명이 있기 때문이다. 창고야말로 위기를 겪는 세상을 구원할 수 있기 때문이다. 요셉의 예언대로 7년 풍년이 끝난 후에 드디어 기근이 온 땅을 덮었다. 극심한 기근이었다(창 41:56). 그래서 요셉은 애굽 땅 곳곳에 있던 모든 창고를 열었다. 이 가슴 벅찬 장면을 상상해보라. 굶어 죽어가는 애굽 백성들을 위해 준비한 창고의 문이 드디어 열렸다. 요셉은 잘 저장되어 있던 곡식을 백성들에게 팔았다. 그래서 애굽 백성들이 극심한 7년 흉년을 겪는 기간에 그들을 살려냈다.

창고의 세 번째 요소는 유통·판매이다. 창고에 저장만 잘한다고 훌륭한 창고는 아니다. 팔아야 한다. 유통해야 한다. 창고에서 썩어나게 하면 그것은 죄와 다르지 않다. 유통하고 팔기 위해 저장하기 때문이다. 세상을 복되게 하는 창고는 바로 잘 파는 창고이다. 이런 멋진 창고가 바로 요셉의 창고였다.

요셉은 기근을 대비하여 준비해둔 창고를 열어 굶주린 세상 사람들에게 곡식을 팔았다. 절대 공짜로 나누어주지 않았다. 요셉은 자선사업을 한 것이 아니라 비즈니스를 했다. 곡식을 백성들에게 팔았다는 점은 매우 중요하다. 요셉은 굶주린 사람들에게 곡식을 팔았다. 그러나 이것은 단순한 장사가 아니었다. 그 비즈니스로 요셉은 결국 애굽 백성들을 살려냈다. 고대 근동지방의 수많은 사람을 살렸다. 당시 애굽 사람들은 곡식을 사 먹을 만한 재정적인 능력이 없었다. 완전히 빈털터리였다. 그런데도 요셉은 계속 곡식을 팔았다. 돈이 없다고 공짜로 얻어먹으면 무기력을 학습하여 제대로 살아가지 못하기 때문에 곡식을 공짜로 나누어주지 않고 팔았다. 이렇게 비즈니스가 중요하다. 팔아서 사람을 살릴 수 있다. 공짜로 나누어주는 복지만 복된 일인가? 건전한 비즈니스로 보람을 얻으며 사람답게 경제적인 삶을 누리게 하는 일이 진정한 복지이다.

파는 일, 즉 비즈니스가 중요하다는 사실을 우리는 다시 한 번 기억해야 한다. 공짜로 나눠줄 생각을 하지 말고 파는 일을 제대로 하면 사람이 살아난다. 비즈니스를 잘하는 기업이 크리스천 기업이다. 돈을 많이 벌어서 선교한다고, 나중에 마음이 바뀔지도 모르는 말을 할 것도 없다. 잘 저장했다가 제대로 파는 비즈니스를 잘하면 그 비즈니스 자체가 바로 선교이다.

이에 관해 잠언 11장 26절은 이렇게 말한다. "곡식을 내놓지 아니하는 자는 백성에게 저주를 받을 것이나 파는 자는 그의 머리에 복이 임하리라." 요셉은 곡식을 창고에 쌓아 놓은 사람이 아니었다. 팔았다. 그래서 사람들을 살렸다. 온 세상 사람들이 7년이나 계속되는 흉년 동안에 굶어죽지 않도록 창고를 열어 곡식을 팔았던 사람이 바로 요셉이다.

세상은 아직도 고통받고 있다. 이 세상을 살릴 사람이 누구인가? 우리 크리스천은 나 하나 잘 먹고 잘사는 것으로 만족해서는 안 되는 사람들이다. 기껏해야 가족이나 편하게 해주는 것에 인생의 목표를 두면 되겠는가? 우리가 제대로 살아가는 것이 바로 우리가 직장생활을 하고 기업체를 운영하는 기본적인 동기이다. 그러나 그렇게 나 하나 먹고살며 가족을 부양하는 것은 우리 인생의 비전이 아니다. 그것은 그저 당연한 것이다. 그야말로 기본이다. 굳이 말하지 않아도 해야 하는 일이다. 하나님이 그 정도는 알아서 해주기도 하신다. 우리는 그보다 더 해야 한다. 우리의 이웃, 세상 사람, 불쌍하게 굶어 죽어가는 사람들을 살려야 한다.

따라서 우리는 세상이 고통받을 때를 위해 우리의 '창고'를 준비해야 한다. 지식의 창고를 준비해야 한다. 이 생존경쟁의 마당에서 승리할 실력의 창고를 준비해야 한다. 인재의 창고를 준비하는 것이다. 우리 자신이 그 창고의 알곡과 같은 인재가 되어야 한다. 세상을 복되게 하는 인력창고의 중요한 일원이 되어야 한다. 그래서 창고 문을 여는 것이다. 언제 여는가? 세상이 기근으로 고통받을 때 곡식창고의 문을 활짝 연다. 세상을 위해 우리가 준비한 곡식창고를 세상이 고통받을 때 열 수 있다.

구약의 마지막 책을 쓴 말라기 선지자가 하나님의 말씀을 이렇게 전했다. "만군의 여호와가 이르노라. 너희의 온전한 십일조를 창고에 들여 나의 집에 양식이 있게 하고 그것으로 나를 시험하여 내가 하늘 문을 열고 너희에게 복을 쌓을 곳이 없도록 붓지 아니하나 보라"(말 3:10). 온전한 십일조를 하나님의 창고에 들이면 하나님이 우리의 창고에 복을 쌓을 곳이 없도록 부어주겠다고 하셨다. 하나님과 언약의 관계를 잘 유지하면 우리가 사는 땅 자체가 하나님의 축복의 창고라는 사실을 알려주신다. 복을 쌓을 곳이 없도록 부어주신다니, 이보다 복된 일이 어디에 있는가? 우리가 추구할 창고는 바로 이런 복된 창고이다.


우리는 창고를 준비해야 한다. 일하는 우리는 바로 우리 인생의 창고를 준비하는 사람들이다. 우리가 준비하는 창고 안에 우리의 인생이 담겨 있다. 우리는 창고지기다. 요셉은 멋진 창고지기였다. 창고에 곡식을 채워 사람들을 살려냈다. 당신도 요셉처럼 준비하고 있는가? 지식의 창고를 준비하고 있는가? 우리는 날마다 우리의 지식창고에 우리의 인생을 담고 있는가? 지식을 쌓고 부가가치를 높이고 있는가? 요셉의 곡식창고를 보면서 우리 자신의 창고, 우리 기업의 창고를 잘 준비해야 한다. 우리 교회의 창고를 준비해야 한다. 그래서 세상 사람들이 고통받을 때 창고를 열어 그 안을 가득 채웠던 지식의 알곡으로 세상 사람들을 살려내야 한다.

P·A·R·T·2

# 직업의 일터신학
## : 어떻게 일하는가?

## 05

# 다윗의 물맷돌

SBS에서 방영된 〈낭만닥터 김사부〉(박수진 연출)라는 드라마를 보게 되었다. 4회분 방송에서 '어떤 의사가 진짜 의사'인지 논란을 벌이는 장면이 나왔다.

강원도 한 시골에 있는 돌담병원에서 도저히 못 견디겠다고 떠나려는 전문의 강동주가 말한다.

"내가 되고 싶은 건 최고의 의사지, 좋은 의사가 아니거든요."

그러자 간호부장 오명심이 그러면 김사부로 불리는 의사는 과연 좋은 의사인가, 최고의 의사인가 질문해보라고 한다. 마뜩찮았지만 강동주가 응급실에서 환자를 진료하던 닥터 김사부에게 질문하자 이렇게 대답했다.

"지금 여기 누워 있는 환자에게 물어보면 어떤 의사를 원한다고 할 것 같냐?"

"……."

"필요한 의사야. 그래서 나는 내가 아는 OS 지식 모든 걸 동원해서 이 환자한테 필요한 의사가 되려고 노력 중이다."

그러면서 환자의 다리를 이리저리 맞추더니 탈골된 부분을 치료했다. 엑스레이라도 찍어봐야 하는 것 아니냐는 표정을 짓는 강동주에게 "됐어. 괜찮아"라고 안심시키면서 말이다.

드라마에서 의사 김사부는 우리나라에는 존재하지 않는 '트리플보드' 외과의사로 설정되었다. 트리플보드는 전문의 자격증이 세 개나 있는 의사이다. 외과의, 흉부외과의, 신경외과의 등. 그런데 드라마에서 김사부가 말한 OS는 정형외과(Orthopedic Surgery)의 약어이다. 자신의 전공분야가 아니라는 뜻이다. 하지만 응급실에 누워 있는 그 환자에게 필요한 치료를 위해 자신의 의료지식을 최대한 동원해서 치료한다고 했다.

이 드라마에서는 '필요한 의사'는 과연 어떤 의사인지 종종 질문하는 듯했다. 〈낭만닥터 김사부〉를 거의 챙겨본 나의 느낌은 필요한 의사란 '최고의 의사 + 좋은 의사'였다. 실력만 자랑하고 마음을 잘못 쓰면 필요한 의사가 될 수 없다. 반대로 능력은 없으면서 잘해 주려고만 해도 필요한 의사가 될 수 없다. 물론 이런 조화가 쉽지 않다. 그러나 이르지 못하는 별세계도 아니다. 우리 크리스천 직업인은 자신의 분야에서 전문가가 되어야 한다. 탁월한 능력을 얻기 위해 필요한 것이 무엇인지 다윗의 물맷돌을 일터신학의 관점으로 조명해보자.

## 소외의 풀밭에서 핸디캡을
## 극복하며 땀 흘려라

다윗은 목동으로 어린 시절을 보내면서 일했다. 그런데 다윗은 자기가 원해서 양을 돌보는 일을 했던 것이 아니다. 그는 가업이 목축업인 집안의 아들로 태어났다. 하고 싶은 일을 한 것이 아니니 즐겁지 않았을지도 모른다. 그러나 다윗이 했던 목축업은 다윗의 집안 경제를 위해서 꼭 필요했다. 당시 유대인 가정에서 기르는 양은 막내아들이 책임지고 돌보는 전통이 있었다.

다윗은 집안의 양 치는 일을 형들보다 오래 해야만 했다. 다윗 아래로 남동생이 태어나지 않았기 때문이다. 다윗의 형 일곱 명이 차례로 집안의 양을 치는 일을 했고, 몇 년쯤 일하다가 동생들에게 차례로 물려주었다. 하지만 다윗은 참 힘들게도 오랫동안 집안의 양 치는 일을 해야 했다. 어쩌면 다윗은 그것밖에 할 일이 없었을 수도 있다. 자기가 할 일을 찾을 수 있는 여건도 못되었다.

그런데 다윗이 일하는 풀밭이 아버지와 가족에게조차 외면당한 것은 안타까웠다. 다윗은 집안에 손님이 오고 큰 행사가 있는데도 양과 함께 들에 있어야 했다. 아버지 이새는 사무엘 선지자가 집으로 심방을 오는 날에도 막내아들 다윗은 부르지 않았다. 다윗은 '소외와 따돌림의 풀밭'에서 고독한 어린 시절을 보냈다. 열등감에 빠질 수도 있었고 좌절하기도 쉬운 환경이었다. 그런데 이런 다윗의 핸디캡이 오히려 다윗 인생을 소명의 관점으로 볼 때 중요한 기회가 되었다. 다윗은 소외의 풀밭에서 무엇을 하고 있었을까? 바로 인생의 '입사시험' 준비를 하고 있었다. 물맷돌 던지기와 수금 연주능력을 키우고 있었다. 특히 양을 치면서 물맷돌 던지기 능력을 키우는 일은 매우 중요했다.

다윗은 소외의 풀밭에서 힘든 나날을 보내며 목자의 전문성을 확보하는 계기를 마련했다. 물맷돌을 던져 양을 잡아먹으려는 곰이나 사자를 죽인 적도 있었다. 전쟁터에서 골리앗과 맞서 싸울 때 바로 이런 전문성을 잘 활용했다. 형들처럼 물맷돌 던지기 연습을 몇 년 한 실력으로는 골리앗과 맞서기 힘들었다. 다윗은 달려가면서도 정확하게 조준하여 골리앗의 이마에 물맷돌을 명중시켰다. 돌이 머릿속에 박힐 정도로 강력하게 던지는 능력을 가지고 있었다. 물론 골리앗과 맞서 싸운 다윗에게 성령님이 함께하신 게 분명하지만 목동 다윗이 확보한 전문성을 성령님도 활용하셨다. 다윗은 물맷돌 던지기에는 프로페셔널이었다. 다윗은 이런 탁월한 능력을 소외와 따돌림의 풀밭에서 키워갔다.

지리적인 여건도 다윗이 자기계발을 하는 데 유리했으니 감사한 일이 아닐 수 없었다. 다윗의 고향인 베들레헴 근처 10여km 떨어진 기브아에는 베냐민지파 사람들이 살았다. 그런데 그 사람들이 전통적으로 물매를 잘 던졌다. 사사시대에는 700명의 전문 물매꾼이 있었는데, 그들은 탁월한 왼손잡이 물매 사수들이었다. 그들은 물매로 돌을 던지면 머리카락 하나만큼도 오차가 없을 정도로 정확하게 던지는 사람들이었다(삿 20:16). 그 후손들이 다윗이 살던 때도 기브아에 살았으니 얼마나 유익한 도움을 얻었을지 상상할 수 있다.

요즘 식으로 말하면 일과시간을 마친 후에 다윗은 기브아로 뛰어가서 물매 던지기 과외를 했을 것 같다. 사사시대의 전문 물매꾼을 계승한 후손들이 운영하는 '한방'물매학원, '정타'물매훈련장과 같은 곳에 가서 수강을 하며 물매 던지는 기술을 열심히 익혔다고 상상할 수 있다. 얼마나 좋은 기회였는가? 다윗은 약점을 오히려 기회로 삼고 지정학적인 이점도 잘 활용하면서 자신의 전문성을 확보했다. 그렇게 물매 던지는 능력을 키워갈 수 있었다.

한편 다윗의 자기계발에 있어서 한 가지 의문을 제기하고 생각해봐야 할 점이 있다. 다윗은 나중에 전쟁터에서 적의 선봉장군과 맞서 싸우는 무술능력, 즉 전쟁에 필요한 실제적인 능력이 필요했다. 그런데 기껏 물맷돌 던지는 목자의 기술이나 익혔다. 칼로 적을 제압하는 능력이 필요했는데 그런 준비를 하지 못했다는 의문이 들 수 있다.

그런데 다윗의 경우를 보면 그것은 아니었다. 자기에게 주어진 일, 지금 필요한 물매 던지기에 집중하다 보면 칼은 나중에 확보할 수 있다. 다윗이 물맷돌로 골리앗을 쓰러뜨렸는데 자기에게는 칼이 없었다. 그러자 다윗은 달려가서 골리앗을 밟고 그의 칼을 빼서 그의 머리를 베었다. 당시에 골리앗은 칼을 칼집에서 빼지도 못하고 있었다(삼상 17:50-51). 내게 지금 당장 '칼'이 없더라도 '물맷돌' 던지는 일을 열심히 연습하면 된다. 지금 필요한 일을 열심히 하다 보면 기회가 왔을 때 얼마든지 그 상황에 맞는 능력을 발휘할 수 있다.


## 기회가 오기까지 침묵의
## 짱돌을 갈고 다듬어라

우리도 오늘 좋지 않은 여건 가운데서 땀 흘려 전문성을 키워야 한다. 다른 사람의 좋은 조건을 부러워할 필요는 없다. 조건이 좋은 사람이 다 프로페셔널이 될 수 있는 것도 아니다. 드라마 〈낭만닥터 김사부〉에 거대병원 원장의 아들인 의사 도인범이 나온다. 이 어설픈 의사 아들은 아버지라는 든든한 배경이 있으니 실력을 못 쌓았다. 부러울 것도 아쉬울 것도 없으니 의사의 수련을 제대로 하지 않은 것인데, 의사가 운에 기대며 도박하듯 수련해봤자 제대로 실력이 쌓일 리가 없다. 도인범은 끝내 꼭 필요한 의사는 못 될 것 같았다. 그런데 결국 아버지의 첩자노릇을 하다가 닥터 김사부에게 감화를 받고는 정신을 차렸다. 아버지의 그늘에서 벗어나 진지하게 질문하면서 태도를 고치니 성장할 수 있는 기회를 얻었다.

하지만 돌담병원에 좌천되어 온 강동주는 도인범과 달랐다. 중학생 때 아버지가 응급실에서 다른 사람에게 순번이 밀려 제대로 치료를 못 받고 돌아가셨다. 화가 나서 응급실을 때려 부수고는 오기로 의사 공부를 했다. 의사고시를 수석으로 졸업하고 전문의 시험에서도 전국 수석을 했다. 돌담병원에서도 봉합수술 능력이 출중한 김사부에게 배워 탁월한 외과의사가 되려고 노력했다.

같은 병원의 의사 김서정도 아버지가 돌아가시고 김사부를 만나서 능력을 키웠다. 정서적으로도 어려움이 많았지만 김사부가 전문의 자격증을 하나 더 따오라고 주문하니 노력해서 응급실 전문의 자격증을 받아서 더블보드 의사가 되었다. 투비모델인 김사부의 능력을 배우려고 끝없이 노력했다. 이렇게 땀 흘리는 사람에게는 실력이 따라붙는다.

다윗은 골리앗과 맞서 싸울 때 물맷돌을 한 번 던져서 한 방에 거인 골리앗의 이마 뼈를 뚫었다. 골속으로 물맷돌을 박아 넣었다. "돌이 그의 이마에 박히니"(삼상 17:49). 어떻게 이토록 강하게 물맷돌을 던질 수 있었을까? 또한 정확히 이마를 맞추어 물맷돌 한 방으로 거인을 죽일 수 있었을까? "그를 쳐죽였으나"(삼상 17:50).

더구나 다윗은 달려가면서 물맷돌을 던져야 했다. 골리앗이 다윗에게로 가까이 오자 다윗이 "빨리 달리며"(삼상 17:48) 물맷돌을 던졌다. 달리다 보니 조준하기가 쉽지 않았다. 성령님이 함께하신 게 분명하지만 다윗이 얼마나 연습을 많이 해서 골리앗의 이마를 맞출 수 있었을지 충분히 상상할 수 있다.

야구를 하는 투수들은 똑같은 규격의 야구공으로 밤낮 연습을 한다. 물론 타자가 서서 그 공을 치려고 잔뜩 노리고 있지만 투수는 가만히 서서 움직이지 않는 포수의 미트에 공을 던져 넣는 일을 한다. 그런데도 그 일이 그리 쉽지 않다. 강속구를 가진 투수도 제구 능력이 없어서 투수로 성공하지 못하기도 한다. 프로야구 LG트윈스에서 투수를 지냈던 김기범 선수가 오래 전에 인터뷰를 했던 기사를 보았다. 김기범 선수는 포수가 사인하는 위치로 투수가 얼마나 정확하게 공을 던질 수 있다고 생각하는지 오히려 기자에게 질문을 했다. 그리고 스스로 대답하기를 잘한다는 투수도 50퍼센트를 넘지 못할 것이라고 말했다.

더구나 다윗이 사용했던 물매에 넣어 던지는 물맷돌은 같은 규격일 리가 없었다. 시내에서 주운 매끄러운 돌이었다(삼상 17:40). 크기가 비슷했다 하더라도 그 돌들은 동일하지 않았다. 돌의 비중도, 무게도 달랐을 것이며, 손에 쥐는 감각도 각각 달랐을 것은 당연하다. 다윗은 똑같은 돌을 던져본 적이 한번도 없었다. 물매에 넣어 던지는 돌마다 언제나 다른 돌이었다.

그런 돌을 던져서 목표물을 맞히려고 하면 어떻게 해야 할지 짐작할 수 있다. 무수하게 돌을 던져보고 느낌으로 알아야만 했다. 전에 던졌던 돌, 전에 만졌던 비슷한 무게의 돌, 비슷한 모양의 돌을 던졌던 경험을 살려 기억하고 분석해서 던져야 목표물에 맞출 수 있다. 맞히기만 하면 되는 것이 아니라 강력한 속도가 있어야 했다. 거인의 두

꺼운 머리뼈를 깨뜨려야 했다. 거인의 이마에 혹 하나 나게 하는 세기로는 어림도 없었다. 빠른 속도를 유지하면서 정확하게 던지려고 하는데 각각 다른 돌들을 써야 한다면 어떻게 해야 하겠는가?

무수한 연습으로 통계를 가지고 있어야 한다. 그야말로 다윗에게 빅 데이터가 준비되어 있어야 골리앗을 쓰러뜨리는 일이 가능했다. 물맷돌 한 번 던지며 연습하는 것이 취미생활이나 그저 시간 때우는 일이었다면 다윗은 결코 골리앗을 쓰러뜨리지 못했다. 다윗은 무수한 물맷돌 던지기 연습을 하면서 진지하게 평가하고 기록하며 오류를 수정하는 과정을 반복하는 노력을 기울였다. 이렇게 몸으로 익히는 노력은 결코 거짓말을 하지 않는다.

나의 아들은 축구와 농구를 잘한다. 초등학교와 중학교에 다닐 때는 12팀이 겨룬 축구대회와 55팀이 겨룬 3인조 농구대회에 나가서 각각 우승했다. 기본적으로 운동신경도 있고 노력도 많이 했기에 잘하는 편이다. 그런데 어린 시절부터 아빠인 나와 함께 16평 빌라의 좁은 공간을 활용해 무수하게 공놀이 연습을 한 것도 꽤 큰 기여를 했다. 집안의 살림살이가 깨지지 않도록 물렁한 공으로 마치 당구의 스리쿠션을 하듯이 보이지 않는 목표물을 맞히는 연습을 많이 했다. 안 보이는 곳에 있는 서랍 안에 공을 집어넣는 시합도 창의적으로 계발할 정도였다. 무수하게 헤딩연습을 시켜주고 공을 주고받느라 팔이 아플 지경이었다. 이후 우리 아들은 매 학기 구기와 기본기를 한 가지씩 측정하는 중학교 체육 실기시험에서 한 차례도 놓치지 않고 여섯 학기 동안 만점을 받았다. 무수하게 반복해서 몸으로 익히면 가능하다.

우리는 기회가 오기까지 '침묵의 짱돌'을 준비해야 한다. 최대한 던지기 좋은 돌을 고르는 노력을 해야 한다. 모양이 울퉁불퉁하거나 지금까지 내가 던지던 돌과 비슷한 돌을 찾기 힘들면 돌을 갈아내는 노력이라도 해야 한다. 그래서 손의 그립 감각에 맞는 물맷돌을 준비해야 한다. 낮이고 밤이고 돌을 손에 잡아 거친 손바닥이 부드러워질 틈이 없도록 노력해야 한다.

또 한 가지 생각할 것은 행운이다. 물론 우리 그리스도인의 삶은 하나님의 섭리와 경륜에 지배를 받고, 우리가 이해하지 못하더라도 하나님이 은혜를 베풀어주시는 때가 있음을 우리는 잘 알고 있다. 하나님을 믿지 않는 세상 사람들은 그것을 '행운'이라고 표현하고 싶어 한다. 그런 면에서 이 행운도 꽤 중요하다. 요즘 능력보다 운이 중요하다며 '운칠기삼'이라는 말을 한다. 우리 사회가 만약 운이 7이고 능력과 기술이 3인 사회라면 명백한 불공정사회이다. 운보다 능력의 비중이 높은 공정사회를 만들어야 한다. 그만큼 비중이 높지는 않더라도 행운은 분명히 있고 중요하다. 과학계에 우연히 발견한 행운과 같은 실험 결과물인 세렌디피티(serendipity)가 있는 것처럼 행운도 있다.

그러면 이 행운은 어떤 사람에게 다가올까? 노력하는 사람을 따라다닌다는 것이 정답이라고 할 수 있다. 나이키의 창업자이자 오랫동안 경영자였던 필 나이트는 그의 긴 자서전에서 이렇게 말했다. "성공에는 행운도 큰 역할을 한다. 그렇다. 나는 행운의 위력을 공개적으로 인정한다. 운동선수, 시인, 기업가에게는 행운이 따라야 한다. 열심히 노력하는 것도 중요하고, 좋은 사람을 만나서 훌륭한 팀을 이루는 것도 중요하며, 머리도 좋아야 하고, 결단력도 있어야 한다. 그러나 행운이 결과를 결정할 수도 있다"(『슈독』(Shoe Dog)(파주: 사회평론, 2016), 543쪽). 필 나이트는 덧붙이기를 어떤 사람은 '행운'을 도(道), 로고스, 즈냐나, 다르마, 정신, 신(神)이라 부른다고 한다.

필 나이트 회장이 자신과 같은 기업가 외에 운동선수와 시인에게 행운이 중요하다고 한 이유를 알기는 힘들지만 이런 직업을 가진 사람에게만 행운이 중요한 것은 아니다. 모든 사람에게 행운이 따르면 기회를 잡고 성공하기가 쉽다. 기회는 이렇게 열심히 노력하는 사람, 준비된 사람, 긍정적인 사람에게 찾아온다. 그런 사람에게 기회의 열매가 맺힐 가능성이 높다.

나는 지난 2000년 12월부터 2005년 4월까지, 4년 5개월 동안 〈기독신문〉이라고 하는 대한예수교장로회 합동측 교단의 교단신문에 글을 기고한 적이 있다. 기독교계 신문 중에서는 영향력이 꽤 있는 신문으로 발행부수도 많다. 이 신문에 "크리스천 매체 비평" "매체 따라잡기" "문화칼럼" 등의 여러 꼭지이름으로 50회 이상 글을 실었다. 나와 함께 글을 썼던 사람들은 YTN 방송의 변상욱 앵커, 그리고 지금은 작고하신 당시 숭실대학교의 박양식 교수였다. 셋이서 3교대로 연재 글을 썼다.

그런데 함께 글을 쓴 두 사람은 해당분야의 전문가였으나 나는 아니었다. 당시 나는 30대 중반의 나이로 직장사역연구소 연구원이었고, 매체나 문화에 대해 개인적인 관심을 가지고 있었을 뿐 매체부문 전문가는 아니었다. 「문화의 유혹」 「샐러리맨 시네마」라는 문화와 영화 관련 책을 내기는 했으나 나 스스로 문화와 매체 관련 글을 신문에 연재할 만한 사람이라고 생각하지는 못했다. 그런데 어떻게 필진에 포함되었고, 또한 개편이 있을 때도 살아남아 계속 글을 싣는 일이 가능했겠는가?

원고를 청탁받기 얼마 전에 〈기독신문〉에서 '크리스천 윈도우'라는 전면 기사를 준비하지 못하는 상황이 생겼다. 텔레비전에 대한 기획 글을 실으려고 했는데 갑작스럽게 필진이 글을 쓸 수 없게 되었다고 했다. 그래서 나에게 부탁했다. 시일도 촉박했다. 그런데 내가 그 급한 글을 거절하지 않고 써줄 수 있었다. 나는 지금도 아마 그 일이 오랫동안 그 신문에 문화 관련 글을 기고할 수 있었던 이유라고 생각한다.

준비된 사람에게 기회가 문을 두드린다. 준비되어 있지 않으면 행운이 찾아와도 소용없다. "내겐 왜 기회가 오지 않는가?"라고 한탄만 하고 있으면 안 된다. 짱돌을 갈아 물맷돌을 만들어야 한다. 우리는 손에 착 감기고 물매 안에 넣으면 딱 들어맞는 물맷돌을 준비하고 있어야 골리앗 앞에 나설 수 있다. '물맷돌'이 준비되어 있지 않으면 '골리앗'은 우리 인생에 절대로 나타나지 않는다. 오히려 이때 나타나면 큰일이다! 왜 내게는 골리앗이 나타나지 않느냐고 불평하지 말아야 한다. 우리는 오늘도 짱돌을 갈고 다듬어 물맷돌을 만들면서 골리앗을 기다려야 한다.


## 두 가지 일을 할 때 한 가지
## 일을 더 해야 한다면?

골리앗과 맞설 때 다윗은 사울 왕의 악사 겸 비서로 일하고 있었다. 그때 자기 집안의 양을 돌보는 일도 여전히 책임지면서 궁궐에 출근해서 일하고 있었다. 새벽에 출근할 때는 집안의 종이나 고용목자들에게 양을 돌보게 했고, 퇴근 후에는 양을 인계받아 돌보면서 밤에는 직접 양을 지켰다. 다윗은 성경 최초의 '투잡스'였다고 할 수 있다. 다윗은 정말 바쁘고 힘든 일을 감당하면서 베들레헴과 예루살렘 사이를 오가고 있었다.

베들레헴에서 예루살렘까지는 4~5km 정도 되기에 그리 부담스러운 거리는 아니었다. 그런데 당시 블레셋 군대가 침입해왔고, 다윗은 사울 왕이 나가 있는 전쟁터인 엘라 골짜기까지 긴 출퇴근을 해야했다. 다윗의 집이 있던 베들레헴과 엘라 골짜기의 중심까지는 지도상의 거리로 25km였기에 두 가지 일을 다 감당하기는 쉽지 않았다. 그래도 다윗은 그 일을 오래 감당하고 있었다(삼상 17:1-16).

이런 상황이 40일이나 지속되던 어느 날, 아버지가 다윗에게 한 가지 심부름을 더 시키셨다. 참전한 세 명의 형에게 음식을 가져다주고 지휘관에게도 음식을 전해주라는 심부름이었다(삼상 17:17). 이미 두 가지 일을 정신없이 하고 있는데 새로운 일이 주어졌을 때 어떻게 하면 좋은가? 불평할 만하지 않은가? 이미 두 가지 일을 감당하며 평소보다 더 긴 출퇴근 시간을 겨우 견뎌내고 있다고 아버지에게 하소연할 만도 했다.

그런데 다윗은 이때 특유의 성실함으로 쉽지 않은 난제를 돌파했다. 다윗의 인상적인 모습을 보라. 다윗은 평소보다 일찍 일어나서 엘라 골짜기를 향해 출발했다. "다윗이 아침에 일찍이 일어나서 양을 양 지키는 자에게 맡기고 이새가 명령한 대로 가지고 가서 진영에 이른즉 마침 군대가 전장에 나와서 싸우려고 고함치며"(삼상 17:20). 심부름을 하느라 짐도 많았으니 뛰어가기도 힘들고 불편했다. 그러니 평소에는 다섯 시에 출발해야 출근시간을 맞출 수 있었다면 그날은 새벽 세 시에 출발한 것이다. 그렇게 해서 다윗이 맡겨진 일들을 제대로 하고 있는지 살펴보라. "양을 양 지키는 자에게 맡기고"(집안일), "이새가 명령한 대로 가지고 가서"(아버지의 심부름), "진영에 이른즉 마침 군대가 전장에 나와서 싸우려고 고함치며"(직장일, 더구나 지각도 하지 않고 시간 맞추어 출근했다!).

바로 그날, 하나님의 군대를 모욕하는 골리앗의 욕설이 유난히 다윗의 귀에 거슬렸다. 40일이나 계속된 일이었으나 그날 다윗은 분기탱천해서 일어났고, 골리앗과 맞장 떴다! 결국 골리앗을 죽이고 풍전

등화와 같던 이스라엘을 구해냈다. 이렇게 다윗은 출퇴근하는 길에서 열심히 자기계발을 했다. 20km가 넘는 길을 걸어 다녔겠는가? 그래서 당시 고대 사회 지도자의 중요한 리더십 덕목인 강인한 체력을 키웠다. 다윗은 평소보다 몇 배나 더 걸리는 그 힘들어진 출퇴근길은 자기계발의 기회로 삼은 사람이었다.

특히 젊은 날에 우리는 다윗처럼 노력해야 한다. 공부를 할 때는 공부로, 시험을 준비할 때는 시험공부로, 일을 할 때는 일로 다윗처럼 탁월한 성실함으로 노력해야 한다. 능력이 탁월해서 닥치는 일은 순발력을 발휘해서 처리해내고 돌파해나가면 금상첨화이다. 그런데 당장 그런 능력을 갖지 못했더라도 괜찮다. 성실하기만 하면 된다. 불평하지 않고 현실에 대응하는 긍정의 마인드가 필요하다. "왜 넷째 형부터 일곱 째 형들은 놀고 있는데 그 형들을 보내지 않고 바쁜 제게 힘든 심부름을 시키십니까?" 다윗은 아버지에게 이렇게 불평하지 않았다. 대신 평소 출근할 때보다 일찍 일어나서 짐을 잔뜩 짊어지고 열심히 걷고 뛰며 엘라 골짜기로 갔다.

우리가 일터에서 나만의 탁월한 전문성을 갖지 못하면 인정받지 못한다. 성실하지 않으면 윗사람도 인정하지 않고 동료들도 무시한다. 고객들도, 거래처 사람들도 우습게 여긴다. 그러면 아무도 나를 귀하게 보지 않는다. 내가 예수님을 믿는 것에 대해서도 전혀 부러워하지 않는다. 부러워하지 않는 것뿐만 아니라 예수님을 믿는다니 더 얄미워할지도 모른다. 교회 일이 있어서 뭘 좀 양해를 구하면 얌체 짓하는 것같이 보는 것도 당연하다. 그러면 우리가 일터에서 사역자로 사역하고, 전도자가 되어 복음 전하는 일은 먼 나라 이야기가 되고 만다.

하나님이 내게 주신 일, 내가 하게 되는 일, 그 일이 바로 사명이다. 그 일 자체가 전도와 다르지 않다. 우리가 드리는 예배와 다르지 않다. 프로페셔널이 되기 위해서 우리는 각오를 단단히 해야 한다. 아직 꿈이 분명하지 않아도 성실함으로 나만의 강점을 살려 능력을 키우는 일에 남다른 노력을 기울여야 한다. 꿈이 분명해도 이렇게 땀 흘리는 노력을 하지 않는 사람은 비전을 제대로 이루지 못한다. 성실하게 현재 자기에게 주어진 일에 최선을 다하는 사람에게는 미처 깨닫지 못했던 비전이 현실로 다가온다. 답답해도 조금 더 견뎌야 한다. 이 사실을 우리가 꼭 기억해야 한다.

# 06

# 가인의 곡식,
# 아벨의 어린양

하나님이 인간에게 하신 최초의 질문은 에덴동산에서 있었다. "네가 어디 있느냐?"(창 3:9). 하나님은 아담이 숨은 곳을 몰라서 하신 질문이 아니었다. 타락한 인류의 실존과 정체성을 준엄하게 꾸짖으신 질문이었다. "네가 서 있는 곳은 어디이며, 지금 너의 인생은 어떤 방향으로 가고 있느냐?" 우리 그리스도인은 이미 아담이 들었던 하나님의 이 질문에 대답을 한 사람들이다.

그런데 공교롭게도 창세기 3장 9절에 이어서 4장 9절에서도 우리는 의미 있는 하나님의 질문을 찾아볼 수 있다. "네 아우 아벨이 어디 있느냐?" 3장에서 하나님은 인간의 존재를 물으셨다면, 4장에서는 아담의 아들 가인에게 질문하면서 '인간의 공동체성'을 확인하셨다. "네 형제가 어디 있느냐?" 동생 아벨을 죽인 가인의 손에 아직 핏빛 얼룩이 채 마르기도 전에 하나님은 물으셨다. "네 형제는 어디 두고 너는 홀로 여기에 있느냐?"

아벨이 어떤 차가운 땅에서 숨을 거두었는지 하나님이 모르지 않으셨다. 가인이 어떤 짓을 했는지 모르셨을 리도 없다. 그러니 우리가 이 질문을 단순하게 생각해서는 곤란하다. 우리도 이 하나님의 준엄한 질문에 주목해야 한다. 특히 이 심각하게 비극적인 질문이 나오게 된 배경에 아담과 하와의 아들인 가인과 아벨의 제물이 관련되어 있다는 점에 집중해야 한다. 가인의 곡식 제물, 아벨의 어린양 제물이다. 이 사물들에 일터신학의 돋보기를 대보자.

## 가인의 제물은 곡식,
## 아벨의 제물은 어린양

인류 역사의 시작 부분에 대한 이야기에 이미 반역이 있었다. 아담은 하나님이 금하신 선악과를 따먹고 하나님과 같아지려고 하다가 결국 에덴동산에서 쫓겨났다. 아담과 하와가 가인과 아벨 형제를 낳았다. 그 형제가 자라면서 다른 직업을 가진다. 가인은 농사를 지었고 아벨은 목축을 했다.

직업인 두 사람이 수확의 계절에 하나님에게 감사제사를 드리게 되었다. 형제는 각자 일해서 얻은 것으로 제사를 드렸다. 그런데 아벨의 제사는 받아들여지고 가인의 제사는 받아들여지지 않았다. 자세한 이유를 말해주지는 않는다. 다만 이 상황에 대해서 히브리서 기자가 언급한 것을 확인할 수는 있다. 히브리서 11장 4절은 이렇게 말한다. "믿음으로 아벨은 가인보다 더 나은 제사를 하나님께 드림으로 의로운 자라 하시는 증거를 얻었으니." '믿음'이 가인과 아벨의 제물에 있어서 차이점이었다.

그런데 궁금증이 사라지지 않는다. 아벨이 믿음으로 가인보다 더 나은 제사를 드렸다는 것은 구체적으로 어떤 것인가? 그 모습을 상상해보았는가? 믿음으로 제사를 드리는 일은 어떤 것이고, 또 하나님이 그 제사를 받고 안 받으신 것은 구체적으로 어떻게 확인할 수 있었을까? 단정할 수는 없지만 상상은 할 수 있다.

영화 〈천지창조〉(The Bible, 1966, 존 휴스턴 감독)는 오래 전에 나왔고 많은 사람이 기억하는 성경 영화는 아니지만 이 장면을 꽤 재미있게 묘사한다. 성경에 보니 아벨은 "양의 첫 새끼와 그 기름"으로 제사를 드렸다고 하는데, 영화에서도 아벨은 아끼던 양을 잡아서 하나님에게 제물로 바치는 모습을 그리고 있다. 아벨의 제물이 탄 연기는 곧게 하늘로 올라간다. 그것은 아벨의 제사가 받아들여졌다는 뜻이다.

가인은 농사짓는 사람이었으니 자기가 거둔 곡식을 제물로 드렸다. 그런데 제물로 드리기 위해 곡식 그릇에서 손으로 곡식을 덜어내는데 몇 번 퍼 담다가 하늘을 힐끗 쳐다본다. 그리고 너무 많이 담았다는 듯 담았던 곡식을 다시 자기의 곡식 그릇으로 옮긴다. 그렇게 해서 제사를 드리니 가인의 제물에는 불이 잘 붙지 않았다. 가인이 이쪽으로 피하면 연기가 이리 따라오고 또 저쪽으로 피하면 연기가 또 따라오니 마구 신경질을 냈다. 그것이 바로 가인의 제사가 하나님에게 받아들여지지 않았다는 의미이다.

거장이라 불리는 존 휴스턴 감독의 꽤 괜찮은 연출을 보면서 생각해볼 수 있다. 아무리 자기의 제사가 받아들여지지 않았다고 그런 일로 동생을 죽이기까지 했는가 말이다. 자기 제사는 거부되고 동생 제사는 받아들여진 것을 보고 가인은 몹시 분해서 안색이 변했다. 가인의 분노는 심각한 상황을 말해준다. 하나님과 죄지은 인간을 연결해주는 매개 수단이었던 제사를 하나님이 받지 않으셨다면 그것은 자신에게 큰 잘못이 있었다는 뜻이다. 그런데 가인은 자기의 문제를 돌아보거나 회개할 생각은 하지 않고, 오히려 제사를 믿음으로 잘 드린 자기 형제 아벨에 대해 분노했다.

하나님이 가인에게 이렇게 말씀하셨다. "네가 분하여 함은 어찌 됨이며 안색이 변함은 어찌 됨이냐. 네가 선을 행하면 어찌 낯을 들지 못하겠느냐. 선을 행하지 아니하면 죄가 문에 엎드려 있느니라. 죄가 너를 원하나 너는 죄를 다스릴지니라"(창 4:6-7). 화내지 말라고 질책하시면서 하나님은 죄를 사모하고 있는 가인에게 죄에 대한 대응을 요구하셨다. 죄를 손아귀에 넣어야 하고, 죄를 따라가지 말며, 죄를 장악해야 한다고 지적하셨다. 회개하고 돌이켜야 한다는 하나님의 질책이 아니겠는가?

그런데도 가인은 아벨을 들판으로 유인했다. 그리고 아우를 쳐 죽였다(창 4:8). 하나님이 간섭하지 않으시는 것처럼 보이는 곳, 부모님이 참견하지 못할 곳, 우거진 수풀이 아우가 죽으면서 터져 나온 혈관의 핏빛을 감추어주고, 아우가 지를 비명소리를 삼켜줄 곳, 곧 '빈들'에 나가서 가인은 아우 아벨을 쳐 죽였다.


## 그들의 제물에 담긴
### 직업적 편견과 차별의식

우리는 이 원초적인 비극을 보면서 다시 한번 질문하지 않을 수 없다. 무엇이 그토록 형제를 쳐 죽일 만한 원인을 제공했던가? 제사를 드리는데 동생 아벨의 제물은 받아들여지고 자기 것은 받아들여지지 않았기 때문이란 말인가? 요즘 식으로 말하면 나랑 친구가 함께 예배를 드리는데 내 친구는 은혜를 받고 나는 은혜를 받지 못했다. 그래서 밉다고 친구를 죽이는 살인을 저질렀다는 것인가? 그렇게 생각을 하고 보니 그것만으로는 뭔가 가인의 살인에 담긴 증오심을 충분히 설명해주지 못하는 것 같다.

그 단서를 창세기 4장 2~3절에서 찾아볼 수 있다. "그가 또 가인의 아우 아벨을 낳았는데 아벨은 양 치는 자였고 가인은 농사하는 자였더라. 세월이 지난 후에 가인은 땅의 소산으로 제물을 삼아 여호와께 드렸고." 가인은 농부였고 아벨은 목자였다는 그들의 직업을 기록하고 있다. 세월이 지난 후 가인은 땅의 열매로 제물을 삼아 제사를 드렸다. 당연한 이야기이고 문제가 없어 보인다.

그런데 여기에 단서가 있다. 농사를 짓기 위해서는 최소한 몇 개월 이상의 기간이 필요하다. 당시 상황이 어떤 기후 조건이었는지 자세히 알 수는 없지만 당시의 땅은 아담이 범죄한 후에 하나님의 저주를 받았다. 그래서 땅이 가시덤불과 엉겅퀴를 낼 것이라고 기록되어 있다(창 3:18). 그러니 농사짓기가 얼마나 힘들겠는가?

영화 〈천지창조〉에도 그런 장면이 나온다. 가인은 얼굴이 새카맣게 그을린 채 뙤약볕 아래 기진맥진해서 일하고 있었다. 큰 돌을 밭에서 골라내고 곡식을 베면서 땀을 닦아내며 고생하는 장면이 나온다. 그런데 아벨은 나무 그늘에서 피리나 불고 있다. 힘든 형을 도와줄 생각도 없어 보인다. 가인이 그런 아벨을 노려본다. 마치 이런 생각을 하는 것 같다. '아니, 저 녀석! 베짱이 같은 녀석! 형인 내게 일하느라 힘들지 않느냐고 빈 말도 하지 않네!'

가인의 증오는 바로 거기에서부터 싹이 텄을 것 같다. 자기 형제 아벨의 직업부터 마음에 안 들었다. 나만 고생하고 저 녀석은 놀고먹는 것 같다. 나는 힘든 농사를 짓고 동생인 아벨은 편한 목축업을 하는 것 자체가 마음에 들지 않았다. 그러나 이 사실은 분명히 알아야 한다. 요즘에야 목축업도 수입을 많이 올릴 수 있는 직업이지만 산업이 발달하기 전 고대 사회를 살던 유목민은 보통 가난했다. 땅을 개간하고 기름지게 해서 씨를 뿌려 거두는 농사일과 같이 육체노동이 심하거나 힘들지는 않았지만 그 대신 얻는 수확이 많지 않아 가난하게 살아야 했다. 그리고 가축이 뜯을 풀을 찾아 돌아다녀야 했다. 가뭄이라도 들면 끝도 없이 멀리 가야 했다. 목축업이 그리 낭만적인 직업이 아니었다. 그러나 농사를 짓는 사람들은 고생은 하지만 풍족하게 먹고살았다. 당시에 농사는 단위 면적 당 수확량이 꽤 많은 산업이었다. 흔히 하는 말로 세상에 공짜가 어디 있는가? 노력한 만큼 먹고 사는 것이 당연하다.

아브라함 이래로 유목생활을 하면서 살던 이스라엘 사람들이 광야생활을 거쳐 여호수아의 정복전쟁을 통해 가나안 땅에 들어갔다. 그곳에 가서 보니 농업을 바탕으로 한 가나안 문명의 풍족함에 눈이 휘둥그레졌다. 조상 대대로 해오던 유목생활에서 농업으로 산업이 바뀌면서 겪는 종교·정치·경제·사회적인 총체적 혼란이 바로 사사기의 역사이다. 사사기를 보면 이것도 엉망, 저것도 엉망, 온통 난장판이고 엉망진창이다. 그 근본적인 원인은 바로 가나안의 풍요함 때문이었다. 땅의 풍요와 연관된 우상 숭배에 빠져 타락하게 되었다. 유목생활과 농업생활의 대조를 우리가 잘 판단해야 한다.

다시 가인 이야기로 돌아와 보면 가인이 아벨을 처음부터 미워하지는 않았을 것 같다. 불의한 직업도 아닌데 내 형제가 좀 편한 직업을 가지고 일해서 수입이 적으니 기름진 음식은 덜 먹고 살겠다는데 그것이 뭐가 그리 꼴 보기 싫었겠는가? 그런데 그런 사소한 이견이 있어서 좀 얄밉다고 생각했는데 예배를 함께 드리는 일에서 심각한 문제가 생겼다. 가인은 자기가 정성을 다하지 못한 제사로 인해 은혜를 못 받았다. 그런데 자기 잘못은 생각하지 않고 그 원인이 형제 아벨에게 있다고 둘러댔다. 자신이 은혜받지 못한 것은 내 형제만 은혜받게 하는 하나님 탓이라고 둘러대는 가인에게 문제가 많았다.

창세기 4장을 보면 가난하게 살았을 것이면서도 아벨은 양의 "첫 새끼와 그 기름"으로 제사를 드렸다고 한다(창 4:4). 이것은 실제로 그렇게 드리기도 했겠지만 상징적인 표현이다. '첫 새끼'란 양 떼 중에서 가장 좋은 것으로 골라서 드렸다는 뜻이다. 또한 '기름'으로 드렸다는 것은 가장 좋은 부분을 구별해서 하나님에게 드리는 제물로 삼았다는 뜻이다.

그런데 가인에 대해서는 그런 묘사가 나타나지 않는다. 땅의 첫 소산인 곡식으로 드렸다는 묘사도 없다. 가장 좋은 부분을 드렸다고도 말하지 않는다. 그저 "땅의 소산"(창 4:3)으로 제물을 삼아 하나님에게 드렸다고 한다.

이것을 가리켜 히브리서 기자는 "믿음으로 아벨은 가인보다 더 나은 제사를 하나님께 드림으로 의로운 자라 하시는 증거를 얻었으니"라고 정리해주었다(히 11:4). 가인과 아벨의 제물 그 자체에는 문제가 없었다. 그들은 하나님이 주신 직업의 열매를 하나님에게 제물로 드렸다. 그런데 그 제물을 드리는 정성과 태도에 문제가 있었다.

가인에게는 믿음이 없었다. 영화 〈천지창조〉에서 가인이 아까운 곡식을 덜어낸다는 표현은 가인의 탐욕을 말한다. 하나님에게 제사드리는 제물이 아까웠다. 결국 가인의 문제는 욕망이라는 죄였다. 하나님에게 드리는 제물도 아까웠던 욕심이 그 모든 비극을 낳았다. 힘은 들지만 풍요함을 누릴 수 있는 일을 하는데, 하나님에게 감사의 제사를 드리는 것도 아까워한 욕심이 결국 형제 살인이라는 치명적인 결과로 나타났다.


## 진정한 곡식과 어린양으로
## 산 제물을 드리라


욕심이 하나님에게 바람직한 예배를 드리지 못하는 원인이라는 지적은 자본주의의 부작용인 물질만능주의 시대를 살아가는 우리가 새겨들어야 할 교훈이다. 우리 크리스천은 세상에서 살아가지만 세상 사람들이 돈을 신으로 섬기며 탐욕을 드러내는 삶을 부러워하거나 따라 해서는 안 된다. 하나님만을 온전하게 섬기는 진정한 예배의 삶을 살아야 한다.

사도 바울이 로마서에서 구원에 관한 교리 부분을 설명한 후 구체적인 삶을 설명할 때 처음에 꺼낸 선언이 인상적이다. "그러므로 형제들아 내가 하나님의 모든 자비하심으로 너희를 권하노니 너희 몸을 하나님이 기뻐하시는 거룩한 산 제물로 드리라. 이는 너희가 드릴 영적 예배니라"(롬 12:1). 하나님이 기뻐하시는 거룩한 제물, 살아 있는 희생제물을 드리라고 한다. 오늘 우리 시대의 '곡식과 어린양'으로 우리는 하나님에게 살아 있는 제사를 드려야 한다. 우리가 살아 있는 제물이 되어야 한다.

본래 제물은 죽여서 드리는 것인데, 살아 있는 제물로 드리라는 것이 바로 영적 예배이다. 구체적으로 크리스천이 세상 속에서 사는 삶을 말한다. 우리는 주일이면 교회에서 예배드리고 하나님께 경배한다. 교회에서 봉사하고 하나님의 나라를 세우는 일에 귀한 인생의 자원으로 헌신한다. 하지만 그것으로 끝나면 안 된다. 삶 속에서 드리는 예배의 비중을 결코 약화시키면 안 된다. 산 제물로 드리는 영적 예배란 구체적으로 어떤 것인가? 사도 바울이 계속해서 말한다. "너희는 이 세대를 본받지 말고 오직 마음을 새롭게 함으로 변화를 받아 하나님의 선하시고 기뻐하시고 온전하신 뜻이 무엇인지 분별하도록 하라"(롬 12:2).

하나님은 우리에게 세상의 방법과는 분명하게 달라야 하나님을 향한 온전한 삶의 제사를 드릴 수 있다고 교훈하신다. 물론 우리는 세상과는 다르다고 강변할 수 있다. 돈과 하나님 중에서 둘 중 하나를 고르라면 우리는 당연히 돈 대신 하나님을 고를 것이다. 이런 약삭빠름을 아시고 예수님은 말씀하셨다. "너희가 하나님과 재물을 겸하여 섬기지 못하느니라"(마 6:24). 하나님을 섬긴다고 하면서도 여전히 탐욕을 가지고 있는 '양다리 작전'을 예수님은 이미 알고 계시고, 우리에게 혼합주의 신앙에서 벗어나라고 요구하셨다. 탐욕에 찬 목소리로 '둘 다!'를 외치는 것은 하나님을 향한 진정한 예배의 삶이 아니다. 우리의 욕심을 교묘하게 숨기면 안 된다.

이렇게 크리스천으로서 삶의 예배를 제대로 드리지 못하는 모습을 지적하는 한 영화가 있다. 존 애브닛 감독의 영화 〈후라이드 그린 토마토〉(Fried Green Tomatoes At The Whistle Stop Cafe, 1992)는 1920년대 미국 남부를 배경으로 삼아 가슴 따뜻한 이야기를 보여준다. 잇지라는 여인은 인생의 아픔을 겪은 루스와 우정을 키워가며 도움을 주고 살아간다. 두 사람은 함께 살면서 '후라이드 그린 토마토' 요리를 전문으로 하는 휫슬스탑 카페를 열었다. 마을의 경찰관이 잇지가 흑인들에게 음식을 나눠주는 것을 그 카페에 오는 사람들이 못마땅해 한다고 알려주었다. 미국에서 흑인에 대한 차별이 지금보다 훨씬 심하던 시대의 이야기이다. 하지만 잇지는 개의치 않았다. 계속해서 소외된 흑인들을 향한 도움을 포기하지 않았다. 또한 잇지는 뜨내기 노숙자 스모키에게 튀긴 닭과 으깬 감자와 옥수수를 접시 가득 담아주었다. 그런데 스모키가 손을 떨며 옥수수를 흘리는 모습을 잇지가 보았다.

잇지가 미안해하는 스모키에게 산보나 하자며 밖으로 데리고 나갔다. 스모키의 어깨를 감싸면서 잇지가 몰래 숨겨 나온 위스키 병을 건넸다. 스모키는 알코올중독으로 그렇게 수전증이 생긴 것을 잇지가 알고 있었다. 잇지가 걸으며 스모키에게 한 이야기를 해준다. 잇지의 죽은 오빠가 어릴 적에 해준 우스갯소리다. 눈앞에 보이는 움푹 팬 땅은 전에는 오리 떼가 노닐고 있던 호수였다. 11월이 되어 기온이 떨어지자 조지아로 가는 오리 떼가 발에 얼어붙은 호수를 붙이고 날아가 버렸기 때문이라는 황당한 이야기였다. 그런데 그 모습이 너무나 평화롭고 아름답다.

루스가 잇지와 스모키의 모습을 창가에서 지켜보고 있다가 감동을 받았다. 그날 밤 잇지의 배려로 스모키가 식당 창고 헛간에 누워 있었는데 담요를 들고 나타난 한 여인이 스모키의 몸을 덮어주었다. 루스였다. 놀라 깨어난 스모키가 루스에게 말한다. "갓 블레스 유."

이런 모습이 바로 삶의 예배이다. 살아 있는 제사이다. 잇지가 알코올중독 노숙자 스모키에게 나눠준 음식과 위스키, 스모키의 추위를 막아주기 위해 덮어준 루스의 담요가 바로 오늘 우리 시대의 제물이다.

우리 크리스천은 세상에서 살아가면서 삶으로 예배를 드려야 한다. 그러나 우리의 현실, 특히 직장사회에서 크리스천들이 보여주는 행동을 볼 때 삶의 예배가 너무나 부족한 것이 사실이다. 일단 크리스천 직업인 중에 일터에서 크리스천으로 드러내기를 포기하는 사람도 있다. 이른바 '잠수 크리스천' '비밀 크리스천'으로 크리스천이라는 것을 주변 사람들에게 알리지도 않는 사람이다. 물론 우리나라와 같이 보수적이고 크리스천으로서 감당하기 힘든 독특한 문화가 있는 일터에서 크리스천임을 드러내기는 쉽지 않다. 그러나 드러내지 않으면 크리스천으로 인정받을 수 없다.

1세기나 2세기 무렵을 살던 우리의 신앙 선배들은 박해를 피해서 목숨을 구하기 위해 물고기 그림을 그리면서 미로 같은 지하 무덤을 헤매고 다녔다. 그런데 요즘 우리 시대의 그리스도인 중에서 볼 수 있는 비밀 그리스도인은 좀 다르다. 한 직장에서 함께 일을 해도 예수님을 믿는 것을 동료가 모르는 경우가 있다. 예수님을 믿는다는 사실이 밝혀지면 행동에 제약을 받고 좀 불편해서 밝히지 않기 때문이다. 그럴듯해보이는 이유는 있다. "제가 좀 믿음이 부족한데, 그래서 안 믿는 사람들하고 전혀 구별되지 않고 할 것 다 하는데, 어떻게 예수님을 믿는다고 광고하고 다니나요? 창피하게." 그러니 한 직장에서 일하면서도 3년이나 지나고 나서 아무개 부장님이 예수님을 믿는 것을 발각당하는 일이 벌어진다.

"어, 부장님도 교회에 나가셨어요?"

"아니, 그럼 자네도 예수님을 믿었나?"

그렇다고 우리가 일터와 세상에서 종교적인 티를 내려고 해서는 안 된다. 세상 사람들은 우리 크리스천이 어떤 크고 유명한 교회에 나가는지 별로 관심이 없다. 교회에서 얼마나 많이 봉사하고 경건한 삶을 살려고 노력하는지에 대해서도 별로 관심을 안 가진다. 그런데 우리가 일터에서 어떤 삶을 살고 있는지에 대해서는 비상한 관심을 보인다.

한 직장인이 20년 넘게 직장생활을 하면서 신우회 활동도 열심히 했는데, 어느 날 동료들과 이야기하면서 봉사활동을 하고 있다는 이야기를 해주었다. 입양되어 가는 아이들을 4~5개월쯤 맡아 돌봐주는 위탁모 봉사활동이었다. 그래서 그는 퇴근할 때 아기를 보려고 집에 뛰어간다는 이야기를 했다. 그 말을 듣고 한 직원이 이렇게 말했다. "역시 크리스천은 뭔가 다르시군요." 그 직장인은 직장에서 신우회 활동을 열심히 하는 것으로는 동료들에게 그런 평가를 받아본 적이 전혀 없었다고 말한다. 그런데 그의 삶에 대해서는 동료들이 뭔가 다르다고 평가했다.

예수님이 말씀하신 빛과 소금으로 사는 삶은 바로 "착한 행실"(마 5:16)이다. 신앙이 없는 사람은 우리가 가진 종교성, 즉 세상에서 보여주는 교회생활의 흔적을 보고는 전혀 감동받지 않지만 우리가 일상에서 착한 행실을 보여주면 반응하고 감동한다. 이 사실에 세상에서 높은 윤리 기준을 가지고 하나님의 사람으로 살아가라는 하나님의 메시지가 들어 있다.

세상과 일터에서 우리가 크리스천의 정체성을 세우면서 삶의 예배를 제대로 드릴 때 우리는 크리스천의 영향력을 행사할 수 있다. 교회에서 예배드리고 신우회에서 드리는 예배만으로 끝나서는 안 되고, 삶 속에서 하나님에게 살아 있는 제사를 드려야 한다. 우리 자신을 산 제물로 삼아 우리 삶의 예배에서 제사를 드리는 것이다. 그래서 우리의 모습을 통해 믿지 않는 사람들이 하나님에게 영광을 돌리게 되는 단계까지 나아가야 한다. 이런 삶의 예배를 실천하는 간증이 많아져야 오늘날 한국교회가 세상에서 잃어버린 명예를 회복할 수 있다. 세상은 우리를 비난하지만 세상은 우리의 사역 장소이고 우리 삶의 모든 것을 쏟아 부어야 할 곳이기에 우리는 세상을 향한 삶의 예배를 결코 포기할 수 없다. 나의 어린양, 나의 진정한 곡식을 통해 삶의 예배를 드릴 수 있어야 한다.

# 요셉의 패션쇼

사람이라면 누구나 입고 있는 옷이지만 성경이 어떤 인물의 옷(옷의 재료나 특별한 의미)에 대해서 언제나 상세하게 기록하는 것은 아니다. 죄 지은 아담과 하와에게 하나님이 입혀주신 가죽 옷 이후로 인간은 옷을 입었다. 율법에 옷에 대한 구체적인 규정이 나온다. 아론의 제사장 직분과 관련된 옷에 대한 규정이 출애굽기 28장과 39장에 상세하게 나온다. 나중에 아론이 직분을 다하고 그의 아들 엘르아살에게 제사장의 직분을 물려줄 때 제사장 예복을 아들에게 입혀준다. 제사장 직분의 계승을 옷을 입혀주는 것으로 표현한다.

예수님이 십자가 형벌을 받으실 때 찢기고 제비 뽑혀 빼앗긴 옷도 기억난다. 예수님이 설교하실 때 잔치에 초대받은 자가 미처 준비하지 못한 예복에 대한 이야기도 하셨다. 하나님의 나라에 들어가는 조건에 관한 말씀이었다. 들에 핀 아름다운 백합화를 솔로몬이 입은 옷과 비교하기도 하셨다. 천국에서 의로운 성도들이 입을 세마포 흰 옷에 대한 이야기도 요한계시록에 나온다. 성경 인물들이 크게 슬플 때 옷을 찢었던 일이 관용적인 표현으로 자주 나오기도 한다.

요셉의 패션쇼! 이런 다소 생소한 표현을 들으면 어떤 생각이 드는가? 요셉은 성경 인물 중 꽤 많은 분량이 기록된 사람 중 하나인데 옷에 대해서도 여러 가지로 묘사하고 있다. 특히 요셉이 시대별로 입었던 옷에 대한 묘사는 그의 삶을 잘 보여준다. 어린 시절부터 인생을 마감할 때까지 네 가지 옷으로 변신한 '요셉의 패션쇼'의 의미를 일터 신학의 관점으로 살펴보자.

## 어린 시절, 상속권을 의미하는 채색옷

요셉은 이스라엘의 족장인 야곱의 열한 번째 아들이었다. 그런데 아버지 야곱은 요셉을 자기의 장자로 생각했다. 요셉에게 지어 입힌 채색옷이 바로 그런 의미를 보여주고 있다. 이 옷에는 요셉을 장자로 삼아서 상속을 이어갈 권리를 부여한다는 뜻이 담겨 있었다. 아버지 야곱은 요셉이 비록 열한 번째 아들이지만 사랑하는 여인 라헬의 첫 아들이기에 장자로 생각한 것 같다. 야곱 집안의 아내가 넷이고 아들이 열둘인, 그 비밀도 아닌 복잡한 가족사를 우리가 잘 알고 있다.

요셉이 채색옷을 입었다는 것은 요셉이 다른 형제들과 같이 들에서 양을 돌보는 일을 하지 않았다는 사실을 알려준다. 이 옷은 작업복이 아니었던 것이 분명하다. 독일의 작가 토마스 만이 그의 역작 장편소설 「요셉과 그 형제들」에서 상상한다. 요셉의 채색옷은 어머니 라헬이 결혼식 때 입은 화려한 옷 '케토넷 파심'이라고 한다. 별, 비둘기, 나무, 신, 천사, 인간, 짐승의 표식 등이 보랏빛, 흰빛, 장밋빛, 금빛, 은빛 등으로 수놓아진 옷이었다. 어느 공주가 처녀 시절에 입었다는 옷인데 소매도 길고 무릎뿐 아니라 다리까지 모두 가리는 치렁치렁한 옷이었다고 한다(「요셉과 그 형제들 : 2권 – 청년 요셉」(파주: 살림, 2001), 152-157쪽). 이 옷은 일하는 사람의 평상복은 아니었다. 열 명의 형처럼 양 치는 일을 시키지 않고 오히려 형들을 감시하고 그들의 잘못을 알리게 하는 특별한 역할을 아버지 야곱이 맡겼음을 이 채색옷이 알려주고 있다.

요셉이 결국 형들에게 이 채색옷을 빼앗기고 애굽에 노예로 팔리게 되었다. 요셉의 형들에게는 이 채색옷이 아버지의 편애와 왜곡된 형제관계를 보여주는 흉물이었다. 꼴도 보기 싫었다. 형들은 요셉의 채색옷을 찢고 염소의 피를 묻혔다. 그리고 짐승에게 찢겨 죽은 요셉의 옷인 것처럼 꾸며서 아버지에게 가져다 보였다. 아버지 야곱은 특별히 눈에 띄고 세상에 하나밖에 없는 옷, 자기 아들 요셉의 옷을 알아보고는 자기 옷을 찢었다. 야곱은 아들의 죽음을 슬퍼했다. 요셉이 이런 상황을 상상하고 형들에게 외치는 장면이 토마스 만의 소설 「요셉과 그 형제들」에 나온다. 요셉이 이렇게 외치고 있다.

"형님들, 제발 그것만은 참으세요! 짐승하고 옷, 그것만은 하지 마세요! 아버지께 그러지 마세요. 아버지는 감당 못하세요! 아, 저 때문에 이렇게 애걸하는 게 아니에요. 저는 이미 몸과 마음이 다 부서진 채 무덤에 누워 있어요. 하지만 아버지는 제발 봐주세요. 피 묻은 옷을 보여주지 마세요. 그건 죽음의 옷이에요! … 아, 사랑하는 형님들, 제 통곡을 들으시고 아버지가 느낄 공포를 생각해주세요. 아버지께 피 묻은 옷을 보여주는 끔찍한 일은 제발 말아주세요. 아버지는 마음이 여려서 그 일을 감당 못해요. 뒤로 나자빠지실 거예요!"(앞의 책, 305-306쪽).

채색옷을 입은 요셉에게 어떤 교훈을 얻을 수 있는가? 요셉의 채색옷은 마치 오늘날 많은 것을 가지고 태어난 사람의 인생 스펙을 보여준다. 쉽게 말해 요셉은 '금수저'를 물고 태어난 사람이다. 출생의 문제야 당사자가 어떻게 할 수 없는 조정불가능의 영역이라 하더라도 당사자가 조심해야 할 부분은 있다. 혹시 요셉처럼 금수저를 물고 태어났더라도 뻐기지 말아야 했다. 혹시 내가 가진 선천적인 장점과 재능, 그리고 어떤 인생의 자원이 많더라도 그것을 자랑하지 말아야 한다. 요셉처럼 쓸데없는 자랑을 하다 보면 인생에서 올무와 함정에 빠져 고생할 수 있다. 만약 요셉이 채색옷을 입고 형들에게 자랑하고 뻐기지 않았더라면 그의 인생이 어땠을까? 형들에게 노예로 팔려 애굽으로 가는 뼈아픈 심적 고통은 겪지 않아도 되었을지 모르겠다. 물론 하나님은 다른 길로 요셉을 애굽으로 보내셨을 것이지만.

## 노예 시절, 보디발의 아내 손에
## 남겨진 가정총무의 옷

채색옷을 형들에게 빼앗긴 요셉은 미디안 대상들에게 팔렸고, 애굽으로 가서는 바로 왕의 친위대장 보디발에게 노예로 팔렸다. 보디발의 집에서 요셉이 입은 옷은 노예의 옷이었다. 더운 지방에서 노예생활을 했으니 옷을 제대로 입지 않았을지도 모른다. 하지만 요셉이 입고 있는 바로 그 옷이 애굽에서 살았던 노예생활의 정체를 잘 보여주었다. 채색옷과는 전혀 다른 '노예의 옷'이었다.

아마도 요셉은 열심히 자기의 일을 하면서 노예생활에 충실했을 것이다. 시간이 흘러 주인의 인정을 받았고, 보디발 친위대장 집의 가정총무가 되었다. 이 가정총무는 관리자, 책임자, 심복의 의미를 가진 일종의 청지기 역할을 하는 사람이었다. 애굽 국가 권력서열 3위쯤에 해당하는 보디발 친위대장의 집이라면 꽤 큰 규모의 살림을 했다고 상상할 수 있다. 그러면 요셉의 가정총무 자리는 꽤 책임 있고 권위가 주어지는 지위였음을 알 수 있다. 그래서 요셉이 그에 걸맞은 옷을 입게 되었다. 보디발 집 가정총무가 입는 옷이었다. 요셉의 객지생활 기간, 아마도 한 10년은 되었을 그 기간의 애환으로 씨줄과 날줄을 삼은 감격적인 옷이었다. 가정총무 요셉의 옷에는 그가 가진 책임과 권위가 담겨 있었다. 노예로 팔려온 이방인이지만 자수성가해서 무언가 이루어낸 입지전이 반영된 자랑스러운 옷이었다.

그런데 이런 의미 있는 가정총무의 옷이 보디발의 아내가 요셉을 유혹하면서 문제의 중심에 서게 되었다. 보디발의 아내는 요셉을 성적 상대로 보고 동침하기를 청했다. 날마다 요청했다고 한다. 요셉은 아예 그 여인과 함께 있으려고 하지도 않으면서 피해 다녔다. 그런데 아마도 보디발의 아내가 놓은 올가미였을 텐데, 어느 날 일하러 보디발의 집에 들어갔는데 아무도 없는 상황이 되었다. 그러자 여인이 어떻게 하는가?

창세기 기자가 요셉의 옷에 주목하며 기록한 부분을 느껴보라. "그 여인이 그의 옷을 잡고 이르되 나와 동침하자. 그러나 요셉이 자기의 옷을 그 여인의 손에 버려두고 밖으로 나가매 그 여인이 요셉이 그의 옷을 자기 손에 버려두고 도망하여 나감을 보고 그 여인의 집 사람들을 불러서 그들에게 이르되 보라. 주인이 히브리 사람을 우리에게 데려다가 우리를 희롱하게 하는도다. 그가 나와 동침하고자 내게로 들어오므로 내가 크게 소리 질렀더니 그가 나의 소리 질러 부름을 듣고 그의 옷을 내게 버려두고 도망하여 나갔느니라 하고 그의 옷을 곁에 두고 자기 주인이 집으로 돌아오기를 기다려 이 말로 그에게 말하여 이르되 당신이 우리에게 데려온 히브리 종이 나를 희롱하려고 내게로 들어왔으므로 내가 소리 질러 불렀더니 그가 그의 옷을 내게 버려두고 밖으로 도망하여 나갔나이다"(창 39:12-18).

이 부분에 '옷'이라는 단어가 도대체 몇 번이나 반복되고 있는가? 창세기 기자가 의도적으로 옷에 집중해서 이 사건을 기록하고 있다. 보디발의 아내는 요셉의 몸을 탐하다 보니 그의 옷이라도 붙들고 사정하면서 매달렸다. 그런데 요셉이 자기의 옷을 버려두고 도망가버렸다. 보디발의 아내는 설마 그럴 줄은 몰랐다. 그렇게 거절당하고 모욕감을 느낀 보디발의 아내는 요셉을 향해 가졌던 사랑의 감정을 증오로 바꾸었다. 여인은 자신이 붙잡았던 요셉의 옷을 증거물로 잡아두었다. 집안사람들에게 악을 쓰며 "나쁜 놈 요셉을 보라"고 소리쳤다. 자기 남편에게도 "당신이 사온 히브리 종놈이 나를 희롱하기에 내가 소리쳐서 도망간 증거를 똑바로 보라"면서 모함했다.

보디발의 아내는 요셉의 옷을 놓고 그렇게 멋대로 생각하고 마음대로 행동했지만 요셉의 입장에서 벗어 팽개치고 도망간 그 옷에 대해 진지하게 생각해봐야 한다. 요셉이 과연 몰랐을까? 자기의 옷을 여인의 손에 두고 도망친다면 강간의 누명을 쓸 것을 요셉은 모르지 않았다. 당시의 법에 따르면 주인의 아내를 범하거나 범하려 한 노예는 사형을 당했다. 그 사실을 요셉이 몰랐을 리가 있는가?

그러니 요셉은 목숨을 걸고 여인의 손에 잡힌 자기 옷을 챙겨가지 않았던 셈이다. 그렇게 자기 옷은 팽개치더라도 자신의 양심은 결코 내던지지 않았다. 이것은 참 중요하다. 우리가 인생을 살아가면서 무엇을 포기할지 잘 결정해야 한다. 내가 붙들고 늘어지는 것이 과연 무엇인지 잘 봐야 한다. 무엇을 붙들고 있는가? 무엇을 손에서 놓았는가?

가만히 생각해보라. 요셉이 벗어젖히고 도망친 보디발 집 가정총무의 옷은 어떤 옷이었는가? 그가 지금까지 쌓아온 그의 인생 자체였다. 형들에게 죽을 뻔하다가 노예로 팔려 와서 말할 수 없이 힘든 객지생활을 하면서 이룬 그의 성공이 그 옷에 담겨 있었다. 그것을 가지고 있어야 아버지도 다시 만날 수 있고, 어릴 적에 하나님이 보여주신 꿈을 이룰 수도 있었다. 그러니 그 옷을 포기하면 안 되었다! 그의 인생의 공든 탑이었다. 무너뜨릴 수 없었다. 요셉이 팽개친 그 옷에 그의 인생 모든 것이 담겨 있었다.

그런데 요셉은 그 옷을 포기했다. 오늘 우리도 요셉을 배워야 한다. 우리 인생에서, 직장생활에서 우리가 노력하고 애쓰면 입을 수 있는 우리의 '가정총무 옷'이 있다. 그런데 그 옷에 집착하면 안 된다. 죄 지으면서도 그 옷에 매달리면 안 된다. 옷을 벗는 한이 있더라도 아닌 것은 아니고, 목에 칼이 들어와도 할 수 없는 것은 하지 않는 용기가 있어야 한다. 내가 지킬 것은 스스로 지킨다는 절개가 있어야 한다. 그래야 21세기의 지저분하고 치열한 일터에서 우리도 요셉처럼 살아갈 수 있다.

# 총리가 된 사브낫바네아가
## 입은 세마포 옷

보디발 집 가정총무의 옷을 팽개친 일로 모함을 받은 요셉은 투옥되었다. 요셉의 상사 보디발은 자기 아내가 요셉에 대해서 하는 말이 거짓말임을 모르지 않았다. 집안의 종들도 다 알았을 텐데, 보디발만 몰랐겠는가? 틀림없이 알고 있었다. 보디발이 요셉을 왕의 죄수를 가두는 자기 집 감옥에 가둔 것을 보면 알 수 있다. 당시의 법대로라면, 명백한 강간미수의 증거인 요셉의 옷이 자기 아내의 손에 있다면 보디발은 요셉을 죽였어야 한다. 그런데 그러지 않고 자기 집 안에 있는 감옥에 요셉을 가두며 자기 아내와 격리시켰다.

감옥에서도 하나님이 요셉과 함께하셨다. 시간이 꽤 흐른 후 요셉은 감옥의 모든 일을 책임지고 처리하게 되었다. 이후 술 맡은 관원장과 떡 굽는 관원장이 감옥에 들어왔을 때 요셉은 그들의 꿈을 해석해 주었다. 만 이년 후에 드디어 애굽 왕 바로가 꿈을 꾸었는데, 그 꿈을 신하들 중 아무도 해석하지 못했다. 그러자 술 맡은 관원장에게 2년 전의 일이 기억나서 요셉을 해몽가로 바로 왕에게 추천했다.

그 이후의 상황을 창세기 41장 14절이 이렇게 묘사한다. "이에 바로가 사람을 보내어 요셉을 부르매 그들이 급히 그를 옥에서 내 놓은지라. 요셉이 곧 수염을 깎고 그의 옷을 갈아 입고 바로에게 들어가니." 이집트 사람들의 관습에 따라 수염은 깎았을 테지만 요셉이 옷을 갈아입었다고 하는데 어떤 옷으로 갈아입었을까? 보디발의 아내 손에 두고 달아났던 가정총무의 옷은 아니었을 테지만 죄수의 옷을 갈아입었던 것은 틀림없다. 이렇게 요셉이 옷을 갈아입으면서 죄수생활을 마감했고, 그의 인생이 새로운 전기를 맞았다는 점은 분명하다.

요셉은 바로 왕의 꿈을 해석한 후 애굽의 총리로 임명받았다. "너는 내 집을 다스리라. 내 백성이 다 네 명령에 복종하리니 내가 너보다 높은 것은 내 왕좌뿐이니라. 바로가 또 요셉에게 이르되 내가 너를 애굽 온 땅의 총리가 되게 하노라 하고 자기의 인장 반지를 빼어 요셉의 손에 끼우고 그에게 세마포 옷을 입히고 금 사슬을 목에 걸고 자기에게 있는 버금 수레에 그를 태우매 무리가 그의 앞에서 소리 지르기를 엎드리라 하더라. 바로가 그에게 애굽 전국을 총리로 다스리게 하였더라"(창 41:40-43). 총리가 된 요셉에게 여러 가지 달라진 것이 있었지만 이제 고급 옷인 '세마포 옷'을 입게 되었다.

애굽의 총리가 된 요셉은 '사브낫바네아'라는 이름도 부여받았다. "신이 말씀하니 그가 살아났다"라는 뜻인데, 바로 요셉의 해몽으로 애굽이 구원받게 되는 상황을 표현하며 감사와 명예를 담아 지어준 이름인 듯하다. 애굽을 구원해줄 요셉이 너무 고마웠던 바로 왕은 요셉의 중매를 섰고 요셉은 온 제사장 보디베라의 딸 아스낫과 결혼도 했다. 그리고 요셉은 당시 세계최대 최강제국 애굽의 실권 1인자로서 자신의 역량을 발휘했다. 요셉이 바로 왕의 꿈을 해석했던 예언이 맞아 들어갔다. 풍년이 거듭되었다. 한두 해는 그러려니 했겠으나 4년,

5년 풍년이 계속되면서 사람들은 요셉이 했던 말의 권위를 인정하지 않을 수 없었을 것이다. 이후 해마다 더한 풍년이 들기를 일곱 해나 지속되었다. 7년 풍년의 기간이 지난 후 흉년이 시작되자 애굽 사람들에게 요셉의 말은 신의 말처럼 들렸다. 요셉의 세마포 옷의 권위가 한껏 드러나게 되었다. 백성들이 그의 앞에 절하지 않을 수 없었다.

요셉이 어린 시절에 꾸었던 꿈이 이렇게 성취되었다. 세상의 많은 사람이 와서 절하는 꿈, 세상에 하나님의 통치를 드러내고 리더십을 행사하는 꿈이었다. 이 꿈은 권력을 휘두르고 대접받는 욕망의 실현이 아니다. 자신에게 절하는 사람들을 먹여 살려주고 돌봐주는 지도자의 의무와 리더십의 책임을 보여준다. 세상을 먹이시는 하나님의 대리인으로서 요셉은 애굽 백성과 고대 근동 사람들의 생계를 책임졌다. 극심한 흉년에도 굶어죽지 않도록 조치하여 그들의 복지를 위해 기여했다.

흉년이 시작되자 요셉의 형들도 애굽으로 왔다. 형들이 와서 땅에 엎드려 절할 때 요셉은 당연히 알았지만 형들은 요셉을 몰라봤다. 요셉은 그때도 자신의 꿈을 기억했다(창 42:6-8). 그러나 요셉은 형들이 곡식을 사러 왔을 때 자신의 정체를 숨겼다. 이것은 일종의 연기를 한 셈이었다. 형들이 요셉을 볼 때 그는 사브낫바네아라는 이름을 가진 애굽 사람이었다. 애굽의 실세 서열 1위인 권력자이자 국무총리였다. 그런 사람이 요셉이라고 형들이 상상하기는 불가능했다.

그러다가 요셉은 결국 자신의 정체를 밝힌다. 그 사이에 우여곡절이 있긴 했다. 요셉이 형들을 정탐꾼으로 몰아서 형제들 중 한 사람만 남기고 돌아가 막냇동생 베냐민을 데려오게 했다. 그리고 베냐민을 도둑으로 몰아 사로잡으려고 했다. 그런 과정을 통해 요셉이 의도한 것은 무엇인가? 동생 베냐민을 다른 형제들이 사랑하는지 확인하려고 했다. 과거에 동생인 자신을 증오하고 죽이려던 그 미움이 형들에게 남아 있는지 요셉은 확인하고 싶었다.

베냐민을 살려달라면서 자신을 대신 희생하려는 형 유다의 감동적인 변론을 들으면서 요셉은 형들 앞에서 자신을 밝혔다. 감정을 억제하지 못하고 큰소리로 울면서 요셉이 형들에게 자신을 알렸다. 그때 요셉은 자신을 어떻게 소개하는가? "나는 요셉이라!"(창 45:3)고 이야기한다. 이것은 형들이 자신을 알고 있는 이름이 요셉이기 때문만은 아니었다. 비록 타국인 애굽에서 20여 년을 살았지만 요셉은 자신의 정체성을 잃지 않았다는 뜻이다. 요셉은 왜 자신이 애굽에 먼저 와 있었는지, 그리고 형들이 왜 지금 그의 앞에서 머리를 숙이고 있는지 잘 알고 있었다. 요셉이 이렇게 자신의 정체성을 분명히 유지한 것은 그에게 하나님의 섭리에 대한 분명한 믿음이 있었기 때문이다. 요셉은 자신이 애굽에 팔려온 것이 하나님의 섭리로 가능했다고 고백했다. 하나님이 가족들의 생명을 구하기 위해서 요셉 자신을 미리 보내셨다는 사실을 깨닫고 있었다.

요셉은 애굽 총리의 세마포 옷을 입고 있었지만 자신의 정체를 결코 잊지 않았다. 요셉은 애굽에서 애굽 사람들에 둘러싸여 살았지만 이스라엘의 족장 후계자임을 잊지 않았다. 증조할아버지 아브라함, 할아버지 이삭, 아버지 야곱의 뒤를 이어 가족을 구하고 민족을 이끌어갈 족장임을 잊지 않고 살아왔다. 오래도록 세마포 옷을 입었지만 그 부드러운 옷이 몸을 휘감는 안락함에 빠지지 않았고, 자기가 누군지 분명히 기억하고 있었다. 요셉이 형들에게 말했다. "내게로 가까이 오소서. 그들이 가까이 가니 이르되 나는 당신들의 아우 요셉이니 당신들이 애굽에 판 자라. 당신들이 나를 이곳에 팔았다고 해서 근심하지 마소서. 한탄하지 마소서. 하나님이 생명을 구원하시려고 나를 당신들보다 먼저 보내셨나이다"(창 45:4-5).

우리에게도 요셉의 이런 자기 이해가 중요하다. 과연 오늘 우리는 세상 속에서 어떻게 크리스천의 정체성을 드러내고 있는가? 세상 속에서 휘둘리며 좌충우돌하지만 "나는 성도 아무개라." "나는 크리스천 직업인 아무개라." "나는 하나님의 자녀 아무개라." 이렇게 우리의 정체성을 고백하고 있는가? 우리도 요셉처럼 총리의 세마포 옷을 입을 수 있다. 현재 요셉처럼 지도자의 세마포 옷을 입고 있을 수도 있다. 앞으로 부자의 옷을 입을 수도 있다. 공부를 많이 해서 지식인의 옷을 입을 수 있다. 명예로운 사람의 옷을 입게 될 날도 기대할 수 있다. 그러나 우리는 어떤 옷을 입고 있더라도 크리스천 직업인 아무개, 하나님의 사람 아무개인 나, 요셉이어야 한다. 세마포 옷에 취해 우리의 정체를 잊으면 결코 안 된다.

## 언약 전수의 교보재로 쓰인
## 요셉의 시신(수의)

　　　　　요셉은 30세에 총리에 오른 후 세마포 옷을 오래 입었다. 110세에 세상을 떠나는데 그때까지 총리 자리에 있었는지 확실하지는 않으나 적어도 수십 년 이상 총리로 지냈을 것으로 보인다. 그러다가 요셉이 세상을 떠나게 되었다. 이제 요셉에게 어떤 옷이 남아 있는가? 요셉의 유언 속에서 피날레를 장식할 옷의 단서를 찾을 수 있다.

　"나는 죽을 것이나 하나님이 당신들을 돌보시고 당신들을 이 땅에서 인도하여 내사 아브라함과 이삭과 야곱에게 맹세하신 땅에 이르게 하시리라 하고 요셉이 또 이스라엘 자손에게 맹세시켜 이르기를 하나님이 반드시 당신들을 돌보시리니 당신들은 여기서 내 해골을 메고 올라가겠다 하라"(창 50:24-25).

　요셉은 애굽에서 숨을 거두면서 이스라엘 백성들은 애굽에 영구히 머무르지 않는다는 점을 강조했다. 아마도 자신의 유골을 매장하지 않은 채 백성들이 볼 수 있도록 전시하게 한 것으로 보인다. 요셉이 애굽에서 죽었을 때 "그의 몸에 향 재료를 넣고 애굽에서 입관하였더라"(창 50:26)고 하는 것을 보면 시신을 미라로 만들었다. 그렇다면 이스라엘의 후손들은 요셉의 유골을 눈으로 직접 볼 수 있었고, 적어도 미라로 보관된 요셉의 시신에 대한 이야기를 전해 들었다.

요셉은 죽은 이후에도 자신의 수의에 쌓인 시신을 통해서도 마지막 패션쇼를 했다. 요셉의 유골은 이렇게 후손들에게 이야기 유산으로 전해졌다. 또한 애굽에서 수십 년 이상 총리를 지낸 요셉의 유골은 애굽에 영원히 남는 것이 아니라는 사실이 후손들에게도 알려졌다. 그 유골을 가지고 애굽을 떠나야 할 순간이 있음을 후손들은 교육받았다. 이렇게 이스라엘의 후손들은 가나안으로 돌아가야 할 그들의 비전을 요셉의 유골과 함께 상기했다. 요셉의 유골은 그 자체가 이스라엘 백성들이 성취할 언약에 대한 교육 자료 역할을 했다.

그래서 출애굽을 할 때는 요셉의 유언대로 모세가 요셉의 유골을 가지고 나갔다. "이스라엘 자손이 애굽 땅에서 대열을 지어 나올 때에 모세가 요셉의 유골을 가졌으니 이는 요셉이 이스라엘 자손으로 단단히 맹세하게 하여 이르기를 하나님이 반드시 너희를 찾아오시리니 너희는 내 유골을 여기서 가지고 나가라 하였음이더라"(출 13:18-19).

이런 역사의 기록은 하나님이 아브라함에게 주셨던 언약을 애굽 땅에서 지내던 이스라엘 백성들이 오랫동안 잊지 않고 유산으로 남겼음을 말해준다. 그들은 대를 이어 하나님 나라를 세우고 이어가는 꿈을 전수했다. 요셉은 이렇게 수의에 싸인 자신의 유골을 통해서도 언약 전수자의 역할을 다했다.

한 사람이 평생을 살면서 혼자서 해낼 수 있는 일은 얼마나 될까? 사실상 그리 많지 않다. 내가 모든 것을 다 하겠다는 생각은 만용일 가능성이 크다. 우리가 꿈을 크게 갖고 비전의 성취를 위해 평생 노력해야 하겠으나 내가 모든 것을 다하려는 생각은 바람직하지 않다. 내가 다 못해도 좋다! 그러면 다 하지 못한 일은 어떻게 할 것인가? 나의 자녀들이 하게 하면 된다. 나의 일터 후배들이 하게 해야 한다. 우리 다음세대가 할 수 있도록 우리는 선구자가 되고 또한 밑거름이 되어야 한다. 요셉의 생애를 통해 보는 대로 죽어서 시신마저 멋진 '옷'이 되어 유산(legacy)을 남기고 전설(legend)이 된 멋진 모습을 배워야 한다. 당신의 인생에서 마지막 옷은 어떻게 준비하고 있는가?

세상 사람들은 옷으로 인생을 구분한다. 이른바 명품이라는 폼 나는 옷을 입고 있으면 괜찮은 사람 같아 보이는가? 그보다 더 중요한 옷이 있다. 인생의 옷을 제대로 잘 입어야 한다. 요셉은 채색옷을 입고 어린 시절을 보내며 그 옷으로 인해 불행한 애굽 '유학'을 떠나게 되었다. 그러나 애굽에서 유혹받는 순간에 노예의 옷을 통해 절대 포기하지 않은 순결과 용기의 모범을 보여주었다. 자신의 목숨을 걸고 옷은 포기할지언정 양심은 내팽개치지 않았다. 죄수 시절의 암울한 세월을 보낸 후 요셉은 세마포로 된 총리의 옷을 오랫동안 입었다. 그러나 그 세월 동안에도 결코 그의 정체를 잃지 않았다. "나는 요셉이라!" 그리고 죽으면서도 시신을 감싼 수의, 유산의 교보재가 된 유골의 옷으로 멋진 언약 전수의 인생을 보여주었다. 요셉이 오늘 우리에게 질문한다. "당신은 오늘 어떤 옷을 입고 있습니까?"

## 08
## 솔로몬의 칼

'칼'이라고 하면 사실 솔로몬 왕과는 잘 어울리지 않아 보인다. 솔로몬 왕은 왕위에 있으면서 전에도 후에도 유례를 찾기 힘든 평화시대를 구가한 왕이었다. 이름 자체가 평화, 즉 '샬롬'이었다. 칼로 평화를 유지한 것이 아니라 결혼정책으로 평화를 지속했다.

칼로 사는 사람은 따로 있다. 역사 속의 무인, 총칼로 정권 잡은 쿠데타의 주역, 국방에 힘써야 하는 군인 등 다양한 사람들이 '칼의 인생'이라고 할 수 있다. 성경 속에서는 에서와 같은 사람이 대표적인 칼의 사람이었다. 야곱의 쌍둥이 형 에서는 야곱이 장자의 권한을 가로채고 아버지의 유언 축복도 빼앗아간 후에 울면서 아버지 이삭에게 남은 복을 구걸했다. 이삭의 유언 축복 중에 에서는 칼을 믿고 생활한다는 예언이 나온다(창 27:40). 야곱이 도망친 후 20년 만에 고향으로 돌아올 때 에서는 장정 400명을 거느리고 복수의 칼을 갈며 야곱을 쫓아왔다.

솔로몬은 그런 삶을 산 사람이 아니지만 그의 인생에서도 매우 인상적인 '칼'이 있었다. 바로 솔로몬의 지혜를 보여주는 유명한 재판에서 칼이 등장한다. 한 재판의 심리를 마친 솔로몬이 칼을 가져오라고 외쳤다. 살아 있는 아이를 칼로 잘라 반은 이 여자에게 주고 반은 저 여자에게 주라는 판결을 내렸다. 소스라치게 놀랄 이런 판결을 했던 솔로몬의 칼은 과연 어떤 의미가 있는 것일까? 솔로몬의 칼을 일터신학의 관점으로 생각해보자.

## 치밀한 심리를 거쳐
## 신중하게 결정하는 지혜의 칼

우리가 사는 인생은 결정과 선택의 연속이라고 해도 과언이 아니다. 점심식사 메뉴 결정과 같은 사소한 작은 결정도, 때로 까다롭고 좋으나 싫으나 꼭 결정을 해야만 하는 부담스러운 상황도 종종 마주친다. 특히 일과 관련하여 바람직한 선택을 해야 하는 순간은 피하기 힘들다. 사소한 것만이 아니라 중요하고 복합적인 선택거리도 많다. 이렇게 하면 이게 문제고 저렇게 하면 저게 문제라서 쉽지 않다.

결정에는 책임이 따르기에 함부로 할 수 없고 더욱 신중해야만 한다.

또 어렵사리 결정을 해놓고도 미련이 생겨 번복을 하기도 한다. 그래서 실없는 사람이라는 말을 듣기도 한다. 신뢰를 잃기도 하고, 결정을 해놓고 보니 그 결과가 엄청난 반작용으로 다가와 충격을 주기도 한다. 그리고 결정 과정은 거의 언제나 갈등하는 상황과 맞물려 있다. 그래서 결정을 하면서 사람이 다치기도 한다. 일터에서 윗사람이나 아랫사람이나 결정은 참 힘든 문제이다. 과연 우리 앞에 놓여 있는 결정을 어떻게 해야 할까?

거리의 여인들이 있었다. 두 여인은 사흘 간격으로 아이를 낳았는데 어느 날 죽은 갓난아이와 살아 있는 갓난아이를 데리고 솔로몬 왕에게 왔다. 그들은 저마다 살아 있는 아이가 자기 아이라고 주장했다. 이럴 때 당신이라면 어떻게 판결하겠는가? 솔로몬 왕이 내려야 할 판결은 상당한 의미와 중요성을 담고 있었다. 집권 초기에 신하들이나 모든 백성이 왕을 주목하고 있었기 때문이다. 이 판결의 중요성을 파악하기 위해서는 기브온 산당에서 있었던 일을 먼저 살펴보아야 한다.

왕이 된 후 솔로몬은 기브온 산당에서 일천번제를 드렸고 꿈에서 하나님을 만났다. 하나님이 말씀하셨다. "내가 네게 무엇을 줄꼬?" 이때 솔로몬 왕이 대답했다. "나의 하나님 여호와여 주께서 종으로 종의 아버지 다윗을 대신하여 왕이 되게 하셨사오나 종은 작은 아이라. 출입할 줄을 알지 못하고 주께서 택하신 백성 가운데 있나이다. 그들은 큰 백성이라. 수효가 많아서 셀 수도 없고 기록할 수도 없사오니 누가 주의 이 많은 백성을 재판할 수 있사오리이까. 듣는 마음을 종에게 주사 주의 백성을 재판하여 선악을 분별하게 하옵소서"(왕상 3:7-9). 완벽한 비전과 소명의 기도가 여기에 등장한다.

하나님의 왕국 이스라엘을 다스리는 비전을 가지고 백성들을 재판하고 리더십을 발휘하는 미션을 수행해야 하는데 그 전략으로 듣는 마음을 주사 선악을 분별하게 해달라고 지혜를 구했다. 솔로몬이 이렇게 기도한 것이 하나님의 마음에 쏙 들었다고 한다. 장수나 부유함이나 원수를 망하게 해달라고 소원을 말하지 않고 송사를 듣고 분별하는 지혜를 구했다고 극찬하셨다. 하나님은 솔로몬이 구한 지혜를 주겠다고 약속하셨다. 네 앞에도 너와 같은 자가 없었고 뒤에도 너와 같은 자가 나지 않을 것이라고 하셨다(왕상 3:10-12). 전무후무한 지혜자 솔로몬은 이렇게 탄생했다.

이렇게 하나님이 약속하신 솔로몬의 지혜가 이제 시험대에 올랐다. 솔로몬이 과연 얼마나 지혜로운지, 저마다 산 아이가 자기 아이라고 주장하는 창기 두 사람의 재판을 사람들은 지켜보고 있었다. 솔로몬이 되어 한번 지혜를 발휘해서 재판해보라. 요즘 같으면 한마디로 재판이 끝났다. "뭐가 문제냐? 유전자 검사를 해보거라." 솔로몬은 과연 어떻게 제대로 판단할 수 있었을까? 솔로몬은 이 판결을 제대로 하여 하나님께서 이스라엘 백성 한 사람 한 사람에게 깊은 사랑과 관심을 가지고 계심을 입증해야 했다. 사회적인 지위가 낮은 여인들이

제기한 문제에도 하나님이 관여하고 해결해주심을 보여주어야 했다. 그런 의미에서 솔로몬 왕 자신에게도 이 재판은 매우 중요했다.

솔로몬 왕은 어떻게 대응했는가? 이때 솔로몬은 이야기를 잘 들었다. 재판의 중요한 과정인 심리를 통해 사건을 조사했다. 재판정에 서 있는 그 두 여인이 서로 다투듯 논쟁을 벌이는 일을 솔로몬은 유심히 들었다. 그리고 판단했다. 한밤중에 벌어진 일이라 증인도 없었으니 여인들의 진술을 듣고 파악해야만 했다. 다른 특별한 방법이 없었고 주어진 여건에서 최선을 다해야 했다.

둘 중 하나는 산 아이의 어미일 것이고 하나는 아닌 것이 분명하기에 그들이 하는 이야기를 들으면서 판단했다. 만약 자기 아이가 죽었다면, 한 여인이 말하는 대로 자기가 아이를 깔아서 죽였다면 피붙이인 자기 아이가 죽은 일로 얼마나 슬펐을까? 그 대신에 살아 있는 다른 아이를 훔쳐다가 자기 아이로 삼으려 했다면 과연 왜 그랬을지 솔로몬은 생각했다. 아이를 훔쳐간 어미가 모성을 제대로 가진 여인이라면 자기 아이의 죽음으로 인해 슬퍼서 그런 무모한 짓을 할 여유가 없었다. 솔로몬이 이야기를 들으며 여인들의 심리를 잘 파악하면 누가 범인인지 알 수 있었다.

솔로몬이 가만히 보니 죽은 아이를 바꿔친 매정한 여자는 말하는 본새가 달랐다. 제대로 된 인격을 가지고 있지 못했다. 뭘 보고 알 수 있는가? 나중에 솔로몬이 산 아이의 몸을 잘라 나누어 가지라고 할 때 공평하게 그렇게 하자고 말할 정도였다. 그러니 바로 그 여인이 범인이었다. 이런 판단을 솔로몬은 재판심리를 통해서 했다. 이야기를 잘 들으면서 깨달았다. "듣는 마음을 종에게 주사 주의 백성을 재판하여 선악을 분별하게 하옵소서"(왕상 3:9)라고 기도한 대로 솔로몬은 잘 들어서 판단했다. 결정을 잘하려면 경청해야 한다. 이렇게 '듣는 마음'이 바로 지혜이다.

## 예상하기 힘들도록 단호하게
## 충격을 가한 임팩트의 칼

솔로몬은 재판심리를 하면서 이미 범인이 누군지 거의 파악하고 있었던 것 같다. 진정한 모성을 어떤 여인이 가지고 있는지 확인했기 때문에 그렇지 못한 여인이 범인이라고 이미 지목하고 있었다. 이제 자신의 판단을 공개적으로 확인시켜야 할 필요를 느끼면서 솔로몬은 충격요법을 활용했다. 아무도 예상하지 못한 단호하고 충격적인 임팩트를 솔로몬이 보여주었는데, 그것이 바로 칼이었다.

솔로몬 왕이 측근에게 이야기했다. "칼을 내게로 가져오라." 아니, 지금 칼이 왜 필요하단 말인가? 칼을 왕 앞으로 가져오자 그 칼을 두 여인은 똑똑히 보고 있었다. 왕이 말했다. "산 아이를 둘로 나누어 반은 이 여자에게 주고 반은 저 여자에게 주라"(왕상 3:25).

살아 있는 아이의 진짜 어머니를 찾기 위한 방법으로 칼을 드는 것은 극단적인 방법이다. "서로 산 아이가 자기 아이라고 하니 산 아이도 칼로 나눠서 반씩 줘라." 이것이 될 법한 말인가? 논리적으로도 타당해보이지 않는다.

물론 이런 판결이 근거 없는 이야기는 아니었다. 율법에서 단서를 발견할 수 있다. 사람은 아니고 소의 이야기지만 출애굽기에 보면 한 사람의 소가 다른 사람의 소를 받아 죽이면 어떻게 문제를 해결하는지 해답이 나온다. 살아 있는 소를 팔아 그 값을 반으로 나누고 죽은 소도 반으로 나누어 가지라는 판결이다. 단 소가 본래 받는 버릇이 있는 줄 알고도 소의 주인이 방치했으면 죽은 소의 주인에게 살아 있는 소로 갚고 죽은 소를 그가 차지하라고 했다(출 21:35-36).

물론 짐승에게 해당되는 법이라서 사람에게 적용할 수는 없겠지만 단서가 될 수도 있었다. 솔로몬 왕이 율법의 규정에서 아이디어를 얻었을지도 모른다. 두 여인 중 한 여인은 솔로몬 왕이 산 아이를 칼로 나눠 가지라고 하는 판결에 대해 그렇게 하자고 응수하는 것이 좀 충격적이지 않았는가? 인성이 못되고 모질어서 그랬을 수도 있지만 바로 이 율법 규정에 대한 지식이 그런 경직된 반응에 영향을 주었을 수도 있다는 생각이 든다.

근거가 있든 없든 솔로몬이 내린 이 판결을 듣고 있던 사람들은 큰 충격을 받았다. 전혀 의외의 반응이라고 놀랐을 것이 틀림없다. 그러나 솔로몬에게 있어서는 의도된 결정이었다. 이 '칼'이 바로 뒤집어 생각하는 역발상이었다.

솔로몬은 산 아이가 친엄마 슬하에서 제대로 잘살게 해야만 하는 상황에서 죽음을 상징하는 극단적인 해결책을 통해 충격을 주었다. 그 이유가 있다. 아무도 예상 못한 그 충격적인 판결에 대해 무조건반사처럼 반응하는 여인의 모성을 확인하려고 했다. 의도적인 행동, 준비한 말이 아니라 놀라서 툭 튀어나오는 그 반응을 보고 싶었다. 이 충격으로 솔로몬은 이미 심증을 굳히고 있는 진짜 범인을 확인하려고 했다. 솔로몬의 예상은 정확하게 적중했다.


## 그러나 사람을 살리는
## 위로와 치유의 칼

결국 모든 판결은 사람을 살려야 한다. 솔로몬의 칼이 바로 판결의 목적을 보여주는 위로와 치유의 칼이었다. 물론 칼을 내보이면서 솔로몬은 역발상과 충격으로 사람들을 놀라게 했다. 산 아이의 진짜 어머니의 심장은 거의 멎을 지경이었다. "내 아이를 나눠서 반쪽 시체를 가지라니 이게 무슨 엽기적인 판결인가?" 아이의 진짜 엄마는 그 재판 자리를 다 뒤집어엎고 싶을 만큼 충격을 받았다.

그러나 솔로몬의 근본적인 의도는 사람을 살리는 것이었다. 그의 말을 들어보라. "산 아이를 저 여자에게 주고 결코 죽이지 말라. 저가 그의 어머니이니라." 솔로몬은 절대 그 아이를 죽일 생각이 없었다. 그 아이를 제대로 살게 하기 위해서 결정을 제대로 하려고 했다. 어떤 결정을 하든지 결국 사람을 살리는 쪽으로 가야 한다. 사람을 죽이는 쪽으로 가는 결정은 문제가 많다. 칼을 치켜든 솔로몬의 이 판결, 이 선택과 결정은 여러 사람을 살렸다. 솔로몬의 칼은 사람을 살리는 위로의 칼이었다. 아픈 상처를 싸매는 치유의 칼이었다. 잘못된 죄악을 회개하게 하는 정의와 용서의 칼이었다. 그럼 솔로몬 왕은 칼을 통해 과연 누구를 어떻게 살렸는가?

첫째, 살아 있는 아이를 살렸다. 당장 그 자리에서 칼로 아이를 죽이지 않았기 때문에 살았다는 뜻이 아니다. 만약 솔로몬 왕이 판결을 제대로 못해 가짜 어머니가 아이를 양육했다면 그 아이는 제대로 양육받으며 자라기 힘들었을 것이다. 아이를 훔쳐간 여자가 그 아이를 제대로 키우겠는가? 기껏해야 자기의 욕심으로 키우지 바람직한 모성으로 양육하기는 힘들었을 것이다. 솔로몬은 살아 있는 아이의 엄마를 제대로 찾아주어 그 아이가 사람답게 살 수 있도록 했다.

둘째, 산 아이의 어머니를 살렸다. 만약 그 진짜 어머니를 제대로 못 밝히고 솔로몬이 결정을 잘 못했다면 산 아이의 어머니는 얼마나 절망하며 살았겠는가? 살았어도 사는 것이 아닌 참담한 인생을 살 수밖에 없었다. 솔로몬은 판결을 통해 산 아이의 진짜 어머니가 사람다운 삶을 살 수 있도록 했다.

또 살린 사람이 있는가? 셋째, 결국 솔로몬 왕은 산 아이를 자기 아이인 양 가로채려한 비정하고 못된 여인도 살렸다. 그 여인도 자기 죄에 대한 대가를 받고 돌이켜야 결국 인생을 제대로 살 수 있었다. 사람답게 살기 위해서는 공의로운 판결의 집행이 필요했다. 사람을 속이고 거짓 판결로 남의 아이를 훔친 못된 죄가 드러나지 않고 이 여인이 산 아이를 가로챘다면 그것은 이 여인이 사는 것 같지만 사실은 죽는 것이었다. 자기 아들이 죽었어도 제대로 슬퍼하지도 않고 자기가 소유할 아들을 얻기 위해 아이를 훔친 여인이었다. 이 여인은 인생에서 편법과 불법을 통해서라도 소유가 중요한 것이 아니라 생명, 즉 사람의 존재가 더 중요하다는 점을 깨달아야 사람답게 살 수 있었다. 감옥에 들어가서 죗값을 치르고 회개하고 나와서 새로운 삶을 살아야 했다. 이렇게 솔로몬은 칼의 결정을 통해서 이 죄 지은 여인도 살렸다.

이제 다 살렸는가? 솔로몬이 살린 사람들이 또 있다. 넷째, 가슴 졸이며 그 재판을 지켜본 모든 신하와 백성들을 솔로몬 왕은 살렸다. 산 아이와 죽은 아이를 두고 두 여인이 서로 자기주장을 하는 난장판에서 혀를 차던 백성들이었다. 다윗 왕을 뒤이어 왕이 된 아들 왕 솔로몬이 칼을 가져오라고 할 때 가슴이 오그라들던 신하들이었다. 솔로몬 왕의 판결은 그 신하와 백성들을 위로하고 치유했다. 지혜로운 왕을 만나 제대로 된 결정과 판결을 보장받은 백성들은 이제 인생이 살맛난다고 하나님께 영광을 돌렸다.

## 마음 아프게 휘둘러도
## 결국 사람을 살리는 칼

        칼은 속 시원하게 휘두르는 도구가 아니다. 칼을 마음대로 휘둘러 사람을 죽이면 안 된다. 베드로가 대제사장의 종 말고의 귀를 자를 때 그렇게 시원하게 칼을 휘둘렀다(요 18:10). 하지만 치밀하게 심리하고 신중하게 판단하는 지혜의 칼이 아니라 덤벙거리고 정신없이 휘두르기만 하는 칼로는 사람을 치유하고 살리지 못한다.

    다윗 왕에게 투항한 사울 왕의 군대장관 아브넬을 몰래 불러 할 말이 있는 듯이 성문 안으로 데리고 들어간 사람이 있었다. 요압이었다. 거기서 아브넬의 배를 찔러 죽인 요압의 칼은 비겁한 암살의 칼이었다(삼하 3:27). 칼은 그렇게 쓰는 것이 아니다. 전쟁터에서 자기 동생 아사헬을 죽인 복수를 한다고 했지만 사실은 정적을 제거해 자기 입지를 확고하게 하기 위해 비겁한 방법으로 칼을 썼다. 솔로몬의 칼은 요압의 칼과 달랐다. 칼은 가슴 아프게 째고 눈물 나게 찌르더라도 사람을 살리는 도구여야 한다. 세상의 부조리와 인간의 사악한 죄를 치유하는 예리한 수술용 메스가 바람직한 칼이다. 마음 아프게 휘둘러도 결국 사람을 살려야 제대로 된 칼이다.

    시내 산 밑에서 금송아지를 만들어 놓고 난잡하고 방자하게 된 백성들, 원수에게 조롱거리가 되게 한 백성들을 치유하기 위해 모세가 외쳤다. "누구든지 여호와의 편에 있는 자는 내게로 나아오라." 레위 지파 자손들이 모였다. 모세가 외쳤다. "너희는 각각 허리에 칼을 차고 진 이 문에서 저 문까지 왕래하며 각 사람이 그 형제를, 각 사람이 자기의 친구를, 각 사람이 자기의 이웃을 죽이라." 레위 지파가 그렇게 칼을 들고 다니며 형제와 친구와 이웃을 쳤다. 3천 명 가량이 죽었다. 레위 지파 사람들은 그렇게도 아프게 주변 사람들에게 칼을 휘둘렀지만 결국 우상을 숭배해서 하나님을 떠난 사람들이 돌이키고 치유받게 했다. 그래서 결국 사람들을 살릴 수 있었다(출 32:25-29).

솔로몬 왕은 까다로운 시험이었던 첫 재판에서 결정을 잘 내렸다. 정확하게 상황을 파악하고 실행의 의지를 보이는 빠른 판단과 충격적인 판결을 통해 결국 산 아이의 어머니를 가려냈다. 이것이 바로 하나님의 사람이 보여주는 지혜이다. 솔로몬은 칼을 적절하게 잘 휘둘렀다. 그 충격으로 결정적인 판단을 지혜롭게 해냈다. 많은 것을 아는 지식이 지혜가 아니다. 사람을 살리기 위해서 제대로 판결하는 것이 바로 지혜이다. 하나님이 솔로몬에게 주신 지혜의 실체가 바로 이런 제대로 된 결정이었다. 사람을 살리는 결정이었다. 솔로몬은 제대로 된 결정으로 결국 많은 사람을 살렸다.

우리도 칼을 잘 휘둘러 결국 사람을 살려야 한다. 세상의 부조리를 척결하고 사람의 죄악을 까발려 처단하는 예리한 수술 메스가 결국 사람을 살린다. 이런 칼의 지혜가 필요하다. 오늘 우리 시대에 이런 지혜가 필요하다. 지혜를 가지고 싶지 않은가? 결정을 잘하는 지혜를 어떻게 가질 수 있는가? 사도 야고보가 말한다. "너희 중에 누구든지 지혜가 부족하거든 모든 사람에게 후히 주시고 꾸짖지 아니하시는 하나님께 구하라. 그리하면 주시리라"(약 1:5) 지혜를 가지고 싶은데 부족함을 느끼는가? 하나님께 지혜를 구하며 기도할 수 있다.

"하나님, 제게 지혜를 주소서. 그래서 일터에서, 가정에서, 인생에서 결정을 잘하게 도와주소서. 휘둘러서 속 시원하지만 사람을 죽이는 칼이 아니라 째고 아프고 눈물이 흘러도, 결국 사람을 살리는 지혜의 칼을 저도 가질 수 있게 도와주소서."

P·A·R·T·3

## 관계의 일터신학

# : 누구와 일하는가?

09

# 리브가의 물동이

물지게를 지고 물을 나르던 시절, 여인이 머리에 물동이를 일 때 받치던 똬리가 기억난다. 그리 오래되지 않은 과거에 우리 부모님들은 물을 길어 와서 식수와 생활용수로 사용했다. 성경 속에도 물동이에 대한 기록들이 있다. 고대 사회에서는 생활에서 필수적인 부분이었는데, '우물'은 자주 나오지만 '물동이'에 대해서는 신약과 구약의 두 부분에서만 나오는 것을 확인했다. 신약에는 예수님이 우물가에서 만난 사마리아 수가 성 여인의 물동이가 있다(요 4장). 예수님이 메시아인 것을 알고 나서는 여인이 물을 길어가기 위해 가지고 온 물동이를 버려두고 사람들에게 예수님의 소식을 전하는 모습이 인상적이다.

그리고 구약성경 창세기 24장에도 물동이가 등장한다. 아브라함이 아들 이삭의 배필을 구하기 위해 종 엘리에셀을 메소보다미아에 있는 고향 땅 하란으로 보냈을 때 리브가의 물동이가 나온다. 여러 차례 반복해서 물동이라는 단어를 기록하고 있다. 리브가는 오늘날로 말하면 전업주부의 역할을 했다. 리브가의 물동이가 과연 어떤 의미가 있는 것인지 일터신학의 관점으로 살펴보자.

## 물동이로 손님에게
## 친절을 베푼 리브가

창세기 24장의 이야기는 아브라함이 며느리를 구하는 과정을 담고 있다. 67절이나 되어서 성경책의 다섯 페이지가 넘는 많은 분량의 기록을 남겨주고 있다. 이스라엘의 족장 후보인 이삭의 며느리를 구하는 과정이 중요함을 창세기 기자가 긴 서술로 강조하고 있는 듯하다.

아브라함은 아들 이삭의 아내가 될 여인을 친족이 살고 있는 메소보다미아에서 구하려고 했다. 일종의 중매쟁이의 임무를 부여하여 집안의 늙은 종을 보냈다. 이 종은 다메섹 사람 엘리에셀이었다. 그 종이 낙타 열 필에 예물과 물건들을 싣고 떠났다. 종이 메소보다미아 나홀의 성에 도착했는데 그곳은 하란이었다. 지금의 이라크에 있는 도시인데 아브라함이 거주하던 곳, 팔레스타인 남부와는 800km나 떨어져 있었다. 한 달 이상은 족히 소요되는 긴 여행길이었다.

나홀의 성 밖에 있는 우물에 도착했을 때 이 종 엘리에셀이 일종의 서원기도를 했다. "우리 주인 아브라함의 하나님 여호와여"라고 시작하는 기도는 이런 내용이었다. "때가 저녁때여서 성 중의 처녀들이 물 길으러 나오는데 제가 한 처녀에게 물을 좀 달라고 하면 물을 마시라고 제게 줄 텐데 그 처녀가 내가 당신의 낙타에게도 물을 마시게 하겠다고 자원하고, 그렇게 하는 처녀가 있다면 그 처자가 우리 주인의 며느리가 되는 줄 알겠습니다"(창 24:12-14 참조).

생각해보면 상당히 위험하고 독단적인 면접기준이었다. 자신이 그렇게 정해놓고는 그렇게 해달라고 하나님께 강짜를 부리는 듯한 기도를 했다. 그런데 책임감을 가진 이 종이 주인 아브라함의 안목을 잘 반영하여 조건을 내걸었다. 아브라함의 종으로 오래 일한 사람으로서 사람을 잘 섬기는 인격을 가진 여인이 주인의 며느리가 되어야 한다고 생각했다. 손님 접대의 미덕을 가진 여인을 찾으려고 했다.

그런데 그 기도를 다 마치지 않았는데 한 처자가 물 길으러 우물가로 왔다. 그 여인이 우물에서 물을 길어 올라오는데 엘리에셀이 다가가서 기도한 대로 물을 좀 마시자고 부탁했다. 그러자 어떤 일이 벌어졌는가? "그가 이르되 내 주여 마시소서 하며 급히 그 물동이를 손에 내려 마시게 하고 마시게 하기를 다하고 이르되 당신의 낙타를 위하여서도 물을 길어 그것들도 배불리 마시게 하리이다 하고 급히 물동이의 물을 구유에 붓고 다시 길으려고 우물로 달려가서 모든 낙타를 위하여 긷는지라"(창 24:18-20).

엘리에셀이 기도한 그대로 이루어졌다. 여기서 리브가의 행동을 묘사하는 문장을 살펴보면 특정한 부사가 자주 사용되는 것을 알 수 있다. '급히, 급히, 다시'라는 부사들이 리브가의 행동을 묘사한다. 바로 접대하는 리브가의 열정을 잘 보여주는 표현들이다. 엘리에셀이 끌고 간 낙타는 모두 열 마리였는데 그 낙타들을 배불리 마시게 하겠다면서 리브가는 물을 계속 길어 왔다. 사막을 횡단한 낙타는 물을 많이 마신다. 아브라함이 살던 헤브론에서 하란까지는 800km나 된다고 하지 않았는가? 그 먼 사막 길을 여행해 온 낙타들이었다. 사막을 횡단한 낙타는 보통 75~130리터의 물을 한꺼번에 마신다고 한다. 그런데 리브가는 낙타들이 목만 축이게 하는 게 아니라 배불리 마시게 하겠다고 말했다. 그러니 한 마리의 낙타가 평균 100리터의 물을 마셨다고 하더라도 리브가는 열 마리의 낙타를 위해 1천 리터나 되는 물을 길어야 했다.

머리에 이거나 들고 다녔을 여인의 물동이로 1천 리터, 즉 1톤의 물을 길으려면 얼마나 여러 번 움직여야 했을지 상상해보라. 머리에 이거나 안고 운반했을 물동이의 용량이 20리터라고 해도 50번을 반복해서 물을 길어야 가능한 일이었다. 더구나 물통만 옮기는 것이 아니고 우물에서 물을 길어서 낙타를 배불리 먹이는 일이니 결코 쉽지 않았다. 따라서 리브가는 급히 서두를 수밖에 없었다. 이 행동이 바로 리브가의 손님 대접의 미덕을 잘 보여주었다.

성경에서는 손님 접대에 대해서 매우 강조한다. 히브리서 기자는 이렇게 강조한다. "손님 대접하기를 잊지 말라. 이로써 부지중에 천사들을 대접한 이들이 있었느니라"(히 13:2). 손님 대접을 실천했는데 알지 못하고 천사를 영접한 사람이 있었다는 것은 바로 아브라함과 그 조카 롯을 말한다. 창세기 18장에 보면 하나님이 나그네의 모습으로 아브라함의 집 앞을 지나실 때가 있었다. 그때 아브라함은 그 생면부지의 길손들에게 최상의 접대를 했다. 아브라함은 달려 나가서 몸을 땅에 굽히고 발을 씻게 하고 그 나그네를 극진히 대접했다. 급히 가서 떡을 만들고 가축 떼에 달려가서 송아지를 잡아 급하게 요리하게 했다. 이렇게 최상의 호의를 가지고 접대를 하는데 나중에 알고 보니 그 손님 세 사람이 천사들이거나 혹은 하나님이 사람으로 나타나신 모습이었다.

이런 접대의 미덕을 조카 롯이 삼촌 아브라함에게 배워서 실천하고 있다(창 19장). 저녁 때 두 사람이 지나가는 것을 보고 롯이 간청해서 자기 집에서 머물게 했다. 그런데 롯의 접대에 대한 묘사에서는 달려가고 급하게 했다는 묘사가 없다. 아브라함과는 좀 다르긴 하지만 그래도 이 집안이 이런 접대를 잘했음을 충분히 알 수 있다.

여기서 우리가 이 집의 가계 구조를 좀 알고 넘어가야 한다. 갈대아 우르에서 부름받아 떠날 때 아브라함은 아버지와 형제들을 데리고 함께 떠났다. 그런데 아버지 데라는 하란에서 머물다가 세상을 떠났다. 데라가 낳은 아들이 셋이었다. 아브라함, 나홀, 하란이다. 아브라함의 아들이 이삭이다. 그리고 조카 롯이 나오는데 그 롯은 하란의 아들이다. 데라의 아들 하란은 하란 땅에 도착하기 전 갈대아 우르에서 아버지보다 먼저 세상을 떠났다(창 11:28). 아버지를 여읜 조카 롯을 아브라함이 데리고 다니며 잘 돌봐주었다.

그리고 아브라함의 종이 이삭의 아내를 구하러 간 집은 바로 나홀의 집이었다. 나홀은 팔레스타인으로 오지 않고 하란에 머물러 있었다. 이 나홀이 브두엘이라는 아들을 낳았고, 그의 딸이 리브가이다. 그러니까 아브라함에게 있어서 리브가는 동생인 나홀의 손녀였으니 종손녀(從孫女) 혹은 조카 손녀였다.

그러니 아브라함은 자기 조카의 딸 리브가를 아들과 결혼시키게 되었다. 근친결혼을 탓하려는 것이 아니라 이것은 결국 무슨 뜻인가 하면 여기서 호의를 베푸는 미덕을 잘 보여준 세 사람, 아브라함과 롯과 리브가는 다 한 집안사람이라는 사실을 우리가 기억해야 한다는 것이다. 롯의 큰아버지가 아브라함이었다. 리브가의 큰할아버지가 아브라함이었다. 그 가정, 그 가계에서 이렇게 사람에게 호의를 베풀고 손님을 접대하는 미덕이 대를 이어서 전수되었음을 보여준다. 아름다운 미덕의 계승을 우리도 놓치지 말아야 한다.

이렇게 이스라엘의 역사가 시작된 때부터 손님 접대의 미덕이 강조되고 집안의 내력으로 신앙의 한 표현이 되었음을 우리도 주목한다. 우리 기독교에는 바로 이런 봉사와 섬김의 정신이 밑바탕에 깔려 있다. 복음서에는 기록되지 않았지만 예수님이 친히 하신 말씀을 사도 바울이 전한다. "주는 것이 받는 것보다 복이 있다"(행 20:35).

예수님은 이런 가르침을 주실 만한 분이셨다. 그분 자신이 전적으로 자신을 희생하여 하나님의 지위와 신분을 포기하고 인간 세상에 사람의 몸을 입고 오셨다. 가장 낮은 곳에 처하며 십자가 형벌과 죽음을 당하셨다. 자신의 모든 것을 다 내주셨다(빌 2:6-8). 우리는 예수님이 자신을 온전히 주신 희생정신에 근거해서 우리가 받은 은혜를 다른 사람에게 주고 그들을 돌보고 섬기는 미덕을 실천해야 한다.


## 삶의 습관인 섬김이
### 크리스천의 정체

가끔 크리스천이면서도 이런 섬김과 봉사와 사랑의 정신과는 동떨어지게 사는 사람도 있다. 그런 사람이 뉴스 속의 민감한 인물이 되면 나도 한없이 부끄러워진다. 그런데 기독교인 중에는 섬김과 동떨어진 사람만 있는 것은 아니다. 오른손이 하는 일을 왼손이 모르게 하라고 가르치기에(마 6:3), 밝히지 않아서 그렇지 봉사와 섬김과 희생의 삶을 사는 사람이 꽤 많다. 티내지 않으면서 봉사하고 희생하는 멋진 크리스천들이다.

신약학자 톰 라이트는 「그리스도인의 미덕」이라는 책에서 예수를 주님으로 고백하는 신앙이 일상에서 어떤 의미를 가져야 하는지 보여준다. 하나님을 믿는 신앙이 세상이라는 공동체 안에서 사랑으로 나타나야 한다고 강조한다.

톰 라이트가 사는 나라 영국의 정부 통계조사를 보면 지역사회에서 상당한 시간과 비용을 들여가면서 노인과 장애우와 죽어가는 사람과 영유아를 돌보는 일을 하는 사람 대다수가 크리스천이라고 한다. 그 나라는 국교가 기독교라 할 수 있고, 대다수의 국민이 크리스천일 것이니 당연한 통계라고 생각할 수 있다. 그런데 다른 자료를 보니 현재 영국에서 명목상의 크리스천은 70퍼센트가 될지 몰라도 교회에 출석하는 크리스천의 수는 인구의 7퍼센트도 채 안 된다고 한다. 더구나 일요일 런던의 교회에 출석하는 사람들 중 절반이 아프리카인이거나 아프리카계 카리브해 사람들이다. 영국의 10대 대형교회 중 네 곳의 목회자가 아프리카 출신이다. 자선과 봉사와 섬김이 백인의 전유물이라는 이야기는 전설이 되고 있다. 크리스천들, 즉 교회에 출석하면서 하나님의 뜻을 추구하는 영국 크리스천들이 많은 봉사와 섬김을 감당하고 있다는 통계였다.

이럴 수 있는 원동력은 봉사의 습관인데, 이것을 톰 라이트는 초대교회의 사례를 들어 입증하고 있다. 그는 로드니 스타크의 책 「기독교의 발흥」(The Rise of Christianity)에 나오는 인상적인 대목을 인용한다. 고대 터키 지역에서 전염병이 돌았다. 이때 많은 사람이 도시를 떠났다. 특히 부자가 많이 떠났고, 특정한 직업의 사람들은 대부분 전염병을 피해 도시를 떠났는데 의사들이 가족과 재산을 모아 떠나버렸다. 그럼 누가 남아서 전염병 환자들을 돌보았을까? 극빈자거나 노예였던 많은 크리스천이 남아 전염병 환자들을 돌봤다. 환자들 중 건강을 되찾은 사람도 있었다. 그 과정에서 많은 크리스천이 환자를 돌보다가 전염병에 걸려 죽기도 했다. "이들의 행동은 무엇을 말해주는가?" "그리스도인들은 왜 그런 활동을 했는지, 그렇게 행동한 마음의 습관은 무엇인가?" 설명해달라는 요청을 받았다고 한다. 톰 라이트는 이렇게 기록한다.

"그들은 예수와 그들이 예수를 통해 발견했던 하나님, 과거에나 현재에나 자기를 내어주는 사랑의 성품을 지니신 하나님에 관해 얘기하곤 했다. 바로 이런 행위 때문에 4세기 초에 이르기까지 로마의 박해자들이 온갖 수단을 동원하여 그리스도인을 박해했음에도 불구하고 기독교가 빠르게 퍼져나가게 되었다고 스타크는 주장했다. 그래서 결국 로마제국의 거의 반쪽이 그리스도인이 되었고, 황제들은 이기고 있는 쪽에 합류하는 편이 낫겠다고 생각했던 것이다"(톰 라이트, 「그리스도인의 미덕」(서울: 포이에마, 2010), 392-393쪽).

기독교인들의 섬김과 봉사와 희생이 결국 초기 기독교의 부흥을 가능하게 했다는 지적이다. 오늘 우리 시대에 우리 조국 대한민국에서 기독교가 제대로 인정받기 위해서는 바로 이런 봉사와 희생이 필요하다고 본다. 사람들이 더 이상 기독교인을 부러워하지 않고 기독교의 가치를 인정하지 않게 된 책임은 우리에게 많다. 이제 우리 주변의 사람들에게 복음을 전하기 위해서는 본래의 기독교 정신을 보여주어 그들을 감동시키는 방법밖에 없다. 우리 선배들이 가졌던 참된 그리스도인의 가치를 회복하여 삶을 통해 사람을 섬기고 호의를 베풀며 희생하는 모습을 보여주어야 한다.

## 일하는 당신이 실천할 섬김과
## 봉사의 '물동이'는?

그럼 이제 과연 우리는 어떻게 섬기며 봉사할 것인지 생각해야 한다. 당신의 물동이는 무엇인가? 리브가는 주부의 역할을 하는 사람으로서 물 길어오는 일을 했다. 그래서 자신이 하는 일과 관련한 도구 '물동이'로 삶의 현장에서 사람을 섬기고 봉사했다. 일하는 사람으로서 우리가 베푸는 호의와 친절은 어떻게 나타나야 할까? 고객을 향해, 동료를 향해, 가족을 향해 우리는 어떤 봉사의 도구를 들고 사람을 섬기는가? 우리가 찾을 각자의 물동이를 성경에서 찾아볼 수 있다.

사도행전에 보면 욥바라는 곳에서 다비다(도르가)라는 여성 제자가 죽은 사건이 나온다(행 9:36-42). 베드로가 순회전도를 하다가 그 여인의 시신이 놓인 다락방에 올라갔다. 다비다를 문상하러 온 사람들이 주로 과부였는데 그 여인들이 울면서 다비다가 살았을 때 지어준 속옷과 겉옷을 내보였다.

이 이야기가 왜 중요한가 생각해보라. 욥바는 지중해에 면한 항구 도시이다. 뱃사람들 중 바다에서 목숨을 잃은 사람이 많았기에 과부도 많았다. 다비다도 과부였을 가능성이 있다. 다비다는 자기 주변에서 많이 볼 수 있는 과부를 돕기 위해서 '바늘과 실'을 활용했다. 자신이 가진 옷 만들기 재능으로 딱한 사람을 섬기고 도우며 그들과 동고동락했다. 아마도 다비다는 과부들에게 먹을 것을 주어 도움을 줄 수 있는 돈은 넉넉지 않았던 것 같다. 그런데 바느질하는 재주가 있어서 그 재능으로 힘든 삶을 사는 사람들을 섬겼다.

다비다의 '물동이'는 바로 '바늘과 실'이었다. 남편을 잃은 딱한 과부가 많은 상황에 현명하게 대처한 다비다는 자신이 가진 재능을 활용하여 사람을 섬겼다. 베드로가 이 여제자 다비다의 시신 앞에서 무릎을 꿇고 기도했다. 그리고 시신을 향해 말했다. "다비다야, 일어나라!" 이 여인 다비다가 눈을 떠 베드로를 보고 일어나 앉았다. 그래서 다비다는 아마 그 이후에도 오랫동안 바늘과 실을 사용해 여전히 그 과부들을 섬겼을 것이다.

멜리데 섬의 바울은 지중해에서 배가 난파되어 물에 빠진 생쥐 꼴이 된 죄수들을 따뜻하게 해주기 위해 나무를 한 짐이나 해 와서 불에 넣는 일을 했다. 누가 하라고 시키지 않았는데 그 불쌍한 동료들을 돕기 위해 나무 한 묶음을 활용했다(행 28:1-3). 멜리데 섬에 표류한 바울에게는 나무 한 묶음이 그의 물동이였다.

룻기에 나오는 보아스는 부자였는데 자기 소유의 보리밭이 있었다. 거기서 만난 이방 여인 룻에게 호의를 베풀며 이삭을 줍게 했다. 보아스에게는 보리밭이 소외된 이방 여인을 효과적으로 돕는 수단이 되었다(룻 2:1-12). 베들레헴의 보아스에게는 보리밭이 물동이였다.

우리는 예루살렘과 유대와 사마리아와 땅끝까지 가서 복음을 전파해야 한다. 주님의 명령이다. 우리의 봉사 손길도 마찬가지다. 우리는 땅끝까지 가야 한다. 그런데 그 '땅끝'이 우리 '손끝'일 수 있다. 땅끝보다 먼저 손끝을 보아야 한다. 내 손에 무엇이 있는지 살펴보며 나의 '물동이'를 찾아야 한다. 나의 '바늘과 실'을 찾아야 한다. 내가 활용할 나무 한 묶음과 보리밭을 찾아야 한다. 우리의 물동이는 이렇게 상황적이다. 평생 동일한 것이 아닐 수도 있다. 상황을 잘 살펴서 사람을 돕고 섬길 물동이를 찾아야 한다.

우리는 우리 주변을 먼저 봐야 한다. 땅끝보다 먼저 내 주변을 봐야 한다. 누가 있는가? 사막을 건너 온 나그네가 있고, 그가 데리고 온 열 마리 낙타의 목마른 현실을 볼 수 있어야 한다. 주변에 남편 잃은 여인이 많은 우리 동네의 상황을 잘 살펴야 한다. 나도 나이 많고 힘들지만 추위에 떠는 난파선의 죄수들이 눈에 밟힐 때 그저 불가에 앉아 불을 쬐고 있지 말아야 한다. 홀시어머니를 모시는 다문화 가정의 외국 여성을 보고 지나치지 말아야 한다. 멀리 가서 생색내고 카메라 앞에 서는 일도 괜찮지만 그것만이 능사가 아니다. 지금 우리의 옆자리를 잘 살펴보고 또한 우리의 손끝을 잘 확인해야 한다.

또 하나 우리가 생각해볼 수 있다. 이렇게 사람들에게 베푸는 호의와 친절이 '대박 노림수'인가 하는 점이다. 제비의 부러진 다리를 치료해준 흥부가 박씨 속의 보물을 기대했을까? 그걸 기대하고 명태 껍질을 얻고 당사실을 구해서 제비 다리를 동여매고 제비집에 넣어주었을까? 놀부는 흥부의 이야기를 듣고 보물 담긴 박씨를 얻기 위해 '대박 노림수'를 썼다. 그러나 흥부는 그렇지 않았다.

우리는 친절에 대한 보상으로 주어지는 엄청난 행운에 대한 전설 같은 이야기를 종종 듣는다. 국가 원수들이 주로 묵는 뉴욕 월도프아스토리아호텔의 초대 지배인이 된 조지 볼트라는 젊은이가 있었다. 이 사람은 비 오는 날 자기가 일하는 호텔이 만실이었을 때 찾아온 노부부를 자기의 방에서 하룻밤 재워준 친절한 호텔리어였다. 그 일로 인해 뉴욕에 새로 지은 호텔의 초대 총지배인이 되는 행운을 얻었다.

친절의 보상에 대한 부러움은 없는지, 백퍼센트 순수한 마음만으로 선행을 하는 것인지 자문하며 부끄러울 수도 있다. 그런데 우리가 베푸는 친절과 섬김의 손길은 전적으로 순수한 마음과 인격에서 나온 것이 아니어도 괜찮다. 적어도 그 일을 실천했다면 우리의 마음은 절반 이상 기울었기에 그 일을 할 수 있었다. 의무감 혹은 책임감으로 하더라도 괜찮다고 생각한다. 시작한 섬김과 봉사를 지속하느라 힘이 들고 지칠 수도 있다. 그런데 우리가 힘들 때마다 마음을 추스르고 한 번 두 번 선행을 반복하면 그 섬김이 쌓여 미덕이 된다. 성품이 된다. 그리고 우리의 인격이 된다.

결국 작은 선행이라도 실천이 해답이다. 우리는 리브가의 물동이를 살펴보면서 사람을 섬기고 봉사하고 돌보는 일이 얼마나 중요한지 알 수 있다. 잘하고 있는 사람은 더욱 열심히 감당해야 한다. 주변을 돌아보고 사람에게 집중하는 노력이 필요하다. 세상에는 나의 작은 도움이 필요한 사람이 의외로 많다. 함께 일하는 우리 동료들을 돌아봐야 한다. 우리 가족만이 아니라 이웃을 잘 살펴보아야 한다. 시야를 넓혀 우리 사회와 이웃나라와 세계 사람들을 주목해야 한다. 그리고 내가 무엇으로 그들을 도울 수 있는지 자신을 잘 살펴보는 것이 중요하다.

당신의 물동이는 무엇인가? 당신의 바늘과 실은 무엇인가? 하나님이 당신에게 주신 달란트는 어떤 것인가? 바로 그것으로 사람을 섬기고 세상을 복되게 할 수 있다. 하나님은 세상에서 어려움을 겪는 우리 이웃의 필요를 우리의 '물동이'로 채워주기를 원하신다.

# 10

# 바울의 나무 한 묶음

영화 〈쉰들러 리스트〉의 실제 주인공으로 잘 알려진 오스카 쉰들러는 1,100명의 유대인을 구해냈다. 그런데 그가 본래 착하거나 성실한 사람은 아니었다. 끝없는 스캔들을 달고 사는 난봉꾼이었고, 입도 거칠었으며, 독일 나치 사람들에게 뇌물을 주면서 사업하는 기회주의자였다. 그런데 이 사람이 도대체 어떻게 홀로코스트의 구원자로 변신했을까? 쉰들러의 회계사인 유대인, 이츠하크 스턴을 통해 쉰들러는 유대인 게토 내의 비참한 생활상에 대해 들었고, 독일군이 재미삼아 쏘아대는 총질로 박해받는 유대인들의 딱한 사연을 듣게 되었다.

그러다가 1942년 6월 8일에 쉰들러는 한 여인과 승마를 즐기다가 유대인들의 거주지 외곽의 언덕에서 우연히 게토를 내려다봤다. 나치 친위대가 개를 풀어 유대인들을 쫓으며 무차별 총격을 하는 대량학살의 장면을 보았다. 그때 빨간색 겉옷과 모자를 쓴 한 어린 소녀의 당당한 모습이 보였다. 한 독일군이 어떤 소년의 머리통을 밟고 서서 목 뒤에 총을 쏘고 있었는데 그 소녀가 도망가지도 않고 걸음을 멈추어 그 모습을 보고 있었다. 바로 이 장면이 쉰들러가 유대인들에게 공감하는 결정적인 계기가 되었다. 그가 말한다. "그날 뒤로, 생각이 있는 사람이라면 무슨 사태가 벌어지는지 절대 모를 수 없었다. 나는 이제 그 시스템을 무너뜨리기 위해 힘닿는 데까지 모든 일을 해보기로 결심했다."

그 이후로 쉰들러는 뇌물을 써서 유대인들을 빼돌려서 살리려 노력했고, 영화 〈쉰들러 리스트〉에 나오는 1,100명의 사람을 거액의 뇌물을 써서 브린리츠로 이송했다. 그 비용은 사업가 쉰들러에게도 결코 만만한 돈이 아니었지만 결국 해냈다. 결코 성인(聖人)이라고 할 수 없는 사람이 엄청난 자기 돈을 써가면서 유대인을 구한 이유에 대해서 쉰들러는 이렇게 말했다. "나는 나를 위해 일하던 사람들을 알고 있었다. 우리는 자신이 아는 사람들을 인간으로 대우해야 한다"(로먼 크르즈나릭, 「공감의 능력」(서울: 더퀘스트, 2014), 100-104쪽).

사람에게 집중하고 인격적으로 사람을 대하는 공감력이 이런 놀라운 기적을 만들어낸다. 풍랑이 몰아치고 위태로울 때 사람을 살리는 역할을 했고, 또한 배가 난파되어 한 섬에 당도하는 바람에 사람들이 추위에 떨고 있을 때 '나무 한 묶음'으로 공감했던 바울을 일터신학의 관점으로 조명해보자.

## 격랑 속 세상 사람들은
## 세 부류 중 하나! 당신은?

인생의 위기를 상징하는 바닷길 풍랑이 성경에 세 차례 등장한다. 풍랑에 대한 사람들의 반응을 확인해볼 수 있다. 첫째는 구약시대의 선지자 요나가 겪은 풍랑 장면이다. 요나는 당시 강대국이자 이스라엘의 적국인 앗수르의 수도 니느웨에 가서 그 백성들에게 회개하라고 외치라는 하나님의 명령을 받았다. 그러나 그것이 싫어서 정반대 방향인 현재의 지브롤터 해협에 있는 향락의 도시 다시스로 가는 배를 탔다. 하나님이 그런 요나를 그대로 두지 않으셨다. 바다 한가운데서 그 배를 치셨고, 바다에 풍랑이 일어났다. 배에 탄 사람들이 죽겠다고 아우성이었다. 그런데 그 상황에서도 요나는 배 밑창에 숨어들어가 태평하게도 깊은 잠에 빠져 있었다. 요나는 풍랑의 위기를 느끼지 못했다. 아예 관심이 없었다. 오히려 요나 자신이 그 풍랑의 원인을 제공했지만 나 몰라라 하는 답답한 인생이었다.

두 번째 부류의 사람은 예수님과 함께 배에 탔던 제자들이었다. 그들은 그저 배를 위협하는 비바람이 무서워서 쩔쩔맸다. 예수님이 그 배에 타고 계신 것을 알고 있었지만 당황하고 두려워했다. 그런 반응이 큰 잘못은 아닐지 모른다. 풍랑이 몰아치면 당연히 두렵다. 하지만 제자들은 예수님을 모시고 여행길을 떠난 사람답지 않은 초라한 모습을 보여주었다. 그 배가 풍랑을 만났지만 그 배에는 세상의 창조주이신 하나님의 아들 예수님이 타고 계시지 않았는가? 그러니 그 배가 안전할 것이라는 확신을 가질 수 있지 않았을까? 하지만 제자들에게는 그런 믿음이 없었다. 예수님의 제자들 역시 풍랑 속에서 안타까운 모습으로 실망시키는 인생이었다.

풍랑을 대처한 세 번째 부류의 사람이 사도 바울이다. 바울은 로마로 호송되는 죄수의 신분으로 배에 올랐다. 유라굴로라는 지중해의 태풍이 불어닥쳤다. 사실 그 뱃길을 떠나려 할 때 바울은 선장을 만류했다. 큰 어려움을 겪게 되니 좀 있다가 출발하자고 조언했다. 그러나 선장은 한 늙은 죄수의 말을 귀담아 듣지 않았다. 그런 바닷길에서 그런 큰 폭풍을 만났던 것이다. 그래도 바울은 선장이나 사람들을 탓하지 않았다. 하나님의 지시를 받고 확신 있게 배에 탄 사람들을 위로했다. 그 배에 탄 사람은 자그마치 276명이나 되었다. 바울이 그 많은 사람을 안심시키면서 실제로 풍랑에 대한 대응을 직접 주관해서 다 처리했다. 호송하는 관원들이 위급 상황에서 죄수들을 죽이려고 하는 위기에서도 살아났고, 선원들이 자기들만 배에서 탈출하려는 시도를 미리 알고 막기도 했다. 그래서 결국 배는 파선되었지만 사람은 한 사람도 상하지 않고 멜리데 섬에 상륙했다.

풍랑으로 비유되는 위기 상황과 관련해서 바울과 같은 사람의 모습이 바람직한 것은 너무도 당연하다. 바울은 풍랑이 몰아치는 바다 위에서 진정한 리더의 모습을 보여주었다. 세상을 이끌어가는 참된 리더는 세상이 위기를 겪을 때 그 속에서 죽어가고 있는 사람들을 살려낸다. 우리 크리스천의 이미지가 바로 이런 모습이어야 한다. 그런데 과연 어떻게 위기 속에서 어려움을 이겨내는 크리스천 이미지를 드러낼 수 있는가? 바로 바울의 공감력을 통해서 가능했다. 바울의 '나무 한 묶음'이 위기에 빠진 사람들을 살려내는 멋진 도구였다.

## 멜리데 섬의 '스타 죄수', 공감 선행으로 사람들을 감동시키다

풍랑 속에서 배 안에 있던 모든 것을 잃었지만 배 안에 타고 있던 죄수와 선객과 선원들은 한 사람도 상하지 않고 한 섬에 도착했다. 이 섬이 지금의 몰타 섬인 멜리데였다. 그곳에는 원주민들이 살고 있었다. 이곳에서 있었던 사건을 사도행전 28장이 자세하게 기록하고 있다. 이 섬에서 활동하는 바울의 모습을 통해 세상 속에서 살아가는 그리스도인의 멋진 이미지를 발견할 수 있다. 바울은 어떻게 크리스천의 이미지를 드러내었는가?

먼저 멜리데 섬의 원주민들이 참 멋진 호의를 보여주었다. 죄수가 대다수인 그 거친 사람들이 276명이나 자기들의 섬에 물에 빠진 생쥐

처럼 몰려왔다. 풍랑과 함께 갑작스럽게 몰아닥친 일종의 난민들이었다. 그런데 그 사람들을 위해 원주민들이 불을 피워 영접했다. 참 착한 사람들이 아닐 수 없다. 이들의 호의는 정말 순수한 선행이었다.

요즘 우리 시대의 상황과 비교해보면 알 수 있다. 미국과 영국 두 나라는 성경적 기반 위에 설립된 나라이고 기독교국이라고 말할 수 있는 나라인데, 요즘 크리스천의 가치를 잃어가고 있는 모습이 눈에 보인다. 후보 시절부터 백인들의 직업을 빼앗고 복지에 해를 끼치는 이민자들을 몰아내고 미국다운 미국을 건설하자던 트럼프 대통령은 지금도 난민들에게 가혹한 정책을 펴고 있다. 무역전쟁으로 세계 경제를 위태롭게 하고 있기도 하다. 영국은 유럽연합에서 탈퇴한다는 브렉시트(Brexit)를 주장하며 더 이상 난민에게 도움을 주는 기부금으로 손해 볼 생각이 없다고 선언하고 있다. 유럽연합 국가 중 국가별 기부금을 영국이 가장 많이 내왔던 것도 아니다. 2014년 기준 290억 유로를 낸 독일에 비하면 절반도 안 되는 141억 유로를 영국이 냈다. 그런데 이제 더 이상 알지도 못하는 난민에게 공돈을 줄 수 없다고 하여 예상하기 힘든 정치와 경제 정세를 만들고 있다. 우리나라도 제주도로 피해온 예멘 난민들을 대하면서 국민적인 논란도 많았고, 난민을 인정한 예는 극소수에 불과했던 것이 현실이다. 멜리데 섬 원주민들의 호의가 너무도 아름다운 손님 대접이었음을 오늘 우리 시대의 냉혹한 국제정치의 현실을 통해서도 확인할 수 있다.

바울은 원주민들이 호의를 베풀어준 것에 감사하는 마음을 가졌다. 그리고 그들이 피워준 모닥불을 보고 그냥 가만히 불이나 쬐고 있지 않았다. 이 장면이 우리가 집중하는 부분이다. 바울은 직접 '나무 한 묶음'을 거두어왔다(행 28:3). 그리고 그 나무를 직접 불에 넣어 사람을 섬겼다. 바울의 이런 행동이 그리 쉬운 일은 아니었다. 당시 바울은 나이가 많은 사람이었다. 나무를 해 오고 모닥불의 불씨가 꺼지지 않게 하는 일은 바울이 해야 하는 일도 아니었을 것이다. 사람들이 시키지도 않았고, 안 해도 누가 뭐라고 할 사람이 없었던 일을 바울은 굳이 했다.

더구나 바다에서 배가 난파당할 위기에 처했을 때 바울이 어떻게 했는가? 바울이 나서서 두려움에 떠는 사람들을 안심시켰다. 그래서 결국 그 276명의 사람을 한 사람도 잃지 않고 다 구해냈다. 바울은 풍랑이 몰아치는 바다 위에서 '스타 죄수'가 된 히어로였다. 그런 바울이 추위에 떠는 죄수들을 위해 직접 나무를 한 묶음이나 해왔다. 나뭇가지를 몇 개 주워온 것이 아니었다. 불 옆 자리에 머물러 있고 싶어서 나뭇가지 한두 개를 집어넣으면서 다른 사람을 섬기는 척 내숭을 떠는 것도 아니었다. 그 나무 묶음 안에 뱀이 숨어 있는 것을 모를 정도로 큰 나뭇단을 해 가지고 왔다. 바울은 그 나무로 풍성한 모닥불을 만들어 추위에 떠는 사람들을 돌보려고 했다. 그래서 바울이 직접 나무를 불에 넣는 일도 했다.

이것은 무엇을 말해주는가? 바로 착한 일을 한 것이다. 사람을 염두에 두고 주변 사람들의 필요에 민감한 착한 일을 바울이 친히 실천했다. 이렇게 착한 일을 하기 위해서는 공감이 필요하다. 4세기와 5세기에 활동한 기독교 신학자 아우구스티누스가 이런 말을 했다. "무언가를 이해하는 유일한 길은 먼저 그것을 사랑하는 것이다. 곧 공감과 인내와 감사를 품고 그것을 연구하는 것이다"(제럴드 싯처, 「영성의 깊은 샘」(서울: IVP, 2016), 29쪽). 사랑해야 이해할 수 있는데 그렇게 사랑하기 위해서는 공감하고 인내하고 감사하면서 그 대상을 연구해야 한다. 공감과 인내, 감사는 우리 식으로 쉽게 풀면 역지사지라고 생각한다. 상대방의 처지에서는 어떻게 생각하는지, 어떤 입장인지, 어떤 감정을 갖는지 자세하게 살펴봐야 한다. 그러면 내가 할 일을 찾기가 수월해진다.

이렇게 상대방을 이해하기 위해 그의 입장이 되는 것이 바로 공감 (empathy)의 정의이기도 하다. 공감은 단순히 동감(sympathy)하는 것과는 다르다. 불쌍하게 여기고 상대방을 나와 동일시하는 것은 동감이다. 우리는 보통 이 감성적인 측면이 강한 '동감'은 잘하는 편이다. 그런데 '공감'하기는 쉽지 않다. 공감하기 위해서는 상대방의 입장이 되어 봐야 한다. 상대방을 중심으로 생각하는 이타적인 사람이 공감을 제대로 한다.

공감과 동감의 결정적인 차이가 있다. 공감을 하면 행동하게 되어 있다. 동감인지, 공감인지 확인하는 중요한 점은 바로 행동 여부이다. 오스카 쉰들러는 순수한 성인이 결코 아니었지만 인간의 고통을 그저 바라보기만 하는 구경꾼이 아니었다. 목소리만 큰 사람도 아니었다.

쉰들러는 머리만 굴리는 사람이 아니라 손발을 움직이는 행동가였다. 이 부분이 공감에서 가장 중요하다.

바울은 불을 계속 피워야 많은 사람이 온기를 느낄 수 있고 젖은 몸을 말릴 수 있겠다고 생각했다. 찬 바다에서 표류하다가 살아난 동료들이 불쌍했기 때문이다. 그렇게 상대방의 입장이 되어 본 바울이 직접 나무를 해 오고 나무를 넣어 불을 살리는 행동을 했다. 이렇게 바울은 '나무 한 묶음'을 직접 해 오는 행동을 통해 진정한 공감을 보여주었다.

우리도 일터에서 솔선수범하여 착한 일을 할 때 사람들은 우리를 인정해준다. 하지 않아도 되는 일, 가만히 있어도 누가 뭐라고 하지 않는 그런 일을 우리가 나서서 해야 한다. 나의 유익이 아니라 다른 사람이 유익 얻는 일에 힘을 써야 한다. 그래서 우리 모두에게 유익한 착한 일을 우리가 해야 한다. 그러면 우리도 멜리데 섬의 바울이 될 수 있다.


## 하나님의 능력이 드러나는 이적으로
## 강한 임팩트를 드러낼 기회

바울의 나무 한 묶음은 의미 있는 결과를 낳았다. 그런데 그 자체의 호의와 선행으로 끝나지 않았고 후속 사건이 있었다.

착한 일을 하다 보면 의외의 어려움을 겪을 수 있다. 오히려 괜한 고생을 할 수도 있다. "어떻게 예수님을 믿는 사람이 저런 일을 당할 수가 있느냐?"라고 혀 차는 소리를 들을 수도 있다. 바울이 그런 경험을 했다. 바울이 직접 거두어 온 나무를 불에 넣고 있었는데 나뭇단 사이에 뱀 한 마리가 들어 있다가 바울의 손을 물었다. 그 뱀은 하필 독사였다. 솔선수범해서 착한 일을 하는데 이런 어려움을 겪을 수 있는가?

더구나 바울이 겪은 일은 원주민들이 그들의 생각을 표현하기 딱 좋은 먹잇감이 되었다. 통속적인 사상으로 볼 때 바울이 선행을 하다가 당한 불행은 세상의 인과응보 사상을 분명하게 보여주었다. 원주민들이 이렇게 말했다. "진실로 이 사람은 살인한 자로다. 바다에서는 구조를 받았으나 공의가 그를 살지 못하게 함이로다"(행 28:4). 이 표현을 볼 때마다 나는 어떤 영화의 멋진 명대사 같다는 생각이 든다. 땅 바닥을 기어 다니는 한갓 미물인 뱀이 중범죄인의 심판 도구로 쓰인다는 생각이었다. "바다에서는 구조를 받았으나 공의가 그를 살지 못하게 함이로다."

우리도 때로 선행을 하지만 어려움을 겪을 수 있다. 그러나 그렇더라도 우리는 선행을 계속해야 한다. 세상 속에서 우리의 크리스천 이미지는 어려움이 있지만 포기하지 않고 계속 노력할 때 드러난다. 오래 참음이 참된 미덕이다. 마침내 "이야~ 이 사람, 정말 예수 믿는 사람이네!"라고 사람들이 감탄할 수 있게 해야 한다. 우리가 조금 더 노력해야 한다.

바울의 나무 한 묶음 안에 숨어 있던 독사가 유발한 위기는 일종의 호사다마였다. 하지만 그 독사가 오히려 선행하는 크리스천의 또 다른 이미지를 보여주는 촉매가 되었다. 하나님의 놀라운 이적이 나타나서 오히려 전화위복이 되었다. 바울은 독사에 물렸는데 아무렇지도 않다는 듯 그 뱀을 불에 떨어뜨려버렸다. 그리고 멀쩡했다. 바울의 몸에 독이 퍼져 금방 쓰러질 줄 알고 기다리고 있던 원주민들이 서서히 놀랐다. 신의 공의를 뱀이 보여주었다고 외치던 원주민들은 이제 바울을 신이라고 생각했다. 독사에 물리고도 아무렇지도 않다면 신과 다름없다는 생각이었다.

바울이 바나바와 함께 제1차 전도여행을 할 때 루스드라에서 나면서부터 걷지 못하던 사람을 일으켜 걷게 했을 때 사람들이 보인 반응과 비슷하다(행 14:8-12). 루스드라 사람들은 바나바와 바울을 가리켜 제우스와 헤르메스라고 하면서 신으로 추앙하고, 아예 제사를 드리려 했다. 멜리데 섬의 원주민들도 바울의 이적을 보고 그런 반응을 보였다.

이 사건은 예수님이 승천하실 때 말씀하신 예언이 성취된 것으로 볼 수 있다. 승천하시면서 예수님은 온 천하에 다니며 복음을 전파할 때 표적이 있을 것이라고 하셨다. 구체적으로 "뱀을 집어올리며 무슨 독을 마실지라도 해를 받지 아니하며 병든 사람에게 손을 얹은즉 나으리라"(막 16:18)고 말씀하셨는데, 그 말씀이 그대로 이루어졌다.

예수님의 예언 뒷부분에 나오는 병자를 고치는 표적도 예언대로 이루어졌다. 멜리데 섬에 사는 보블리오라는 추장의 부친이 열병과 이질에 걸려 눕는 일이 생겼다. 보블리오 추장은 바울 일행을 위해 자신의 땅에 초대해 사흘이나 잘 대접하며 호의를 베푼 사람이었다. 바울이 그에 대한 보답을 하듯이 심방하여 추장의 부친을 위해 기도하고 안수하니 그 병이 다 나았다. 바울이 사람의 필요에 민감하다 보니 아픈 사람, 관심을 기울여야 하는 사람에게 더욱 관심을 가졌다. 결국 공감하여 착한 일을 하려는 의지를 가진 바울에게 하나님이 능력을 베풀어 응답하셨다. 이 치유의 이적을 통해 결국 사람을 이롭게 할 수 있었다. 섬 가운데 다른 병든 사람들도 와서 고침을 받는 하나님의 치유의 역사가 일어났다. 그들에게 받은 은혜를 이렇게 바울이 하나님의 능력으로 되갚는 아름다운 주고받음이 멜리데 섬에서 일어났다. 그 일로 인해 결국 하나님께 큰 영광을 돌리게 되었다.

"내가 능력을 행하느냐, 행하지 못 하느냐?" 보다 더 중요한 것이 있다. "내가 과연 사람들에게 얼마나 관심을 가지고 있으며 공감하고 있느냐?" 이것이 더 중요하다. 바울은 로마에서 재판받기 위해 먼 뱃길을 가던 다른 중죄인들과 같은 부류의 사람이 아니었다. 인생의 격이 같지 않은 사람이었다. 바울은 잡범이 아니라 억울하게 투옥된 일종의 종교사범이었다. 또한 멜리데 섬의 원주민들과도 사고와 교양의 깊이가 다른 사람이었다. 그래도 바울은 그 모든 사람에게 깊은 관심을 가졌다. 그들에게 공감하며 마음을 다하고 힘을 다해 도왔다. 그 사람들을 구원해 내겠다는 열정을 가지고 최선을 다해 섬겼다.

바울의 나무 한 묶음을 통해 보여준 공감을 통한 섬김과 사랑의 행동에 주목해보자. 바울은 풍랑이 일어났을 때 절망하고 죽어가는 사람들에게 집중했다. 그들의 절박한 필요를 보았다. 그들을 살려야 했다. 하나님의 인도하심으로 결국 그 사람들을 다 살려냈다. 멜리데 섬에서도 바울은 사람의 필요에 주목했다. 바닷물에 차가워진 몸을 따뜻하게 하기 위한 모닥불 관리를 자청했다. 나무를 한 묶음이나 해 왔다. 그 속에 뱀이 들어 있는 것도 모를 정도로 한 짐의 나무를 해 와서 사람들을 섬겼다.

또한 뱀에 물려도 멀쩡하고 질병에 고통받는 사람들을 고친 바울의 이적도 역시 사람의 필요를 채웠다. 아픈 사람을 고쳐주고 섬기고 도와주는 이적을 행했다. 우리도 바울처럼 사람에게 공감하면 착한 행동을 할 수 있다. 당신의 나뭇단을 준비해보라. 혹시 그 속에 뱀이 들어 있어서 호사다마가 되어도 결국 하나님은 전화위복의 은혜를 베풀어주신다. 우리가 함께 일하는 동료와 공감해야 한다는 사실, 사랑해야 한다는 당위성을 바울의 나무 한 묶음을 통해 배울 수 있다.

# 11

# 다윗의 전리품

우리나라는 세계에서 유일한 분단국이며, 북한과 휴전 상황이기에 사실은 전쟁의 위협이 가까이에 있다. 하지만 1953년에 휴전한 한국전쟁 이후 우리는 전쟁과는 거리가 있는 삶을 살아왔다. 그래서 '전쟁을 하면서 적군에게 빼앗은 물품'이라는 뜻의 '전리품'(戰利品)에 대해서는 소설이나 영화 속에서나 접할 수 있다. 하긴 현대전에서는 과거 전쟁과는 달리 딱히 전리품이라는 것이 없을 것 같다는 생각도 든다. 전쟁을 하게 된다면 쌍방에 남는 것이 거의 없을 만큼 철저히 파괴될 것이다. 그래서 더욱더 전쟁과 같은 비극이 없어야 한다.

그런데 사실 우리는 수시로 일종의 '전쟁'을 하면서 살고 있다. 입시 전쟁, 취업 전쟁, 수주 전쟁, 영업 전쟁 등 끊이지 않는 전쟁을 벌이며 살아간다. 2019년 7월 일본의 경제 도발로 시작된 경제 전쟁이 안보 줄다리기로 번지면서 우리는 전쟁을 하고 있다고 볼 수 있다. 이런 전쟁의 상황이 현실이라는 점에서 우리는 전쟁과 관련된 전리품에 대해 일터신학의 관점으로 생각해볼 수 있다. 치열한 삶을 하루하루 살아가는 우리 인생을 다윗의 망명생활 막바지에 있었던 에피소드를 통해 확인해보자.

## 갈등을 공동체의 하나 됨으로
## 승화시킨 다윗의 전리품

　　　　　이익을 목표로 삼는 조직인 회사 안에서 공동체의 특징을 찾아내는 것이 가능할까? '공동체'라고 하면 가족이나 교회와는 어울리는데, 일터 조직에서는 영 어울리지 않는 개념일까? 직장 안에서 우정이 있는지 질문하면 부정적으로 생각하는 사람이 많다. 몸이 아파서 동료에게 이야기하면 새 프로젝트가 시작되거나 중요한 일이 있을 때 건강상의 문제로 배제될 수 있다고 말하기 때문이다. 항공사 기장들의 모임에서 그들의 고민을 들은 적이 있다. 기장들은 낮과 밤이 바뀌는 비행이 많아 잠을 자기 힘들어도 신경정신과에 가서 수면제를 처방받기가 힘들다고 했다. 신경정신과 진료기록이 일과 관련해서 불이익을 줄 것을 염려하기 때문이다. 비단 항공기 기장들뿐만 아니라 많은 직업인이 자신의 육체적인 약점을 노출하지 못하며 노심초사한다.

하지만 일터를 그렇게 경직된 곳으로만 이해하는 것은 뭔가 아쉽다. 순진하다는 핀잔을 들을 수 있어도 같은 목표를 가진 사람들이 함께하며 인생의 귀한 경험을 함께 나누는 곳이 일터라고 이해하면 어떻겠는가? 평생직장 시대는 이미 갔고, 평생직업 시대를 넘어 '평생소명'의 시대를 사는 우리는 지금 일하는 곳에서 근무하다가 이직하여 다른 일터로 떠날 수 있다. 하지만 떠날 때 떠나더라도 그곳에 있을 때는 잘해야 한다. 동양적인 정서로 우리 일터의 사람들을 '확대 가족 공동체'로 이해해볼 수 있다. 우리의 일터를 이렇게 '공동체'로 보고 노력하면 유익한 의미를 찾을 수 있다. 다윗이 전쟁에서 얻은 전리품을 통해 보여주는 첫 번째 교훈은 공동체이다.

사무엘상 30장은 다윗이 망명생활 중에 블레셋 왕 아기스에게 가서 그의 신하가 되고, 시글락 성을 얻어 생활하던 시기에 대해 기록한다. 블레셋의 왕이 사울 왕과 맞서 전쟁을 하려고 하는데 다윗도 참전하려 했다. 만약 하나님이 개입하지 않으셨다면 다윗은 하나님 백성의 나라 이스라엘을 대적하는 엄청난 죄를 저지를 뻔했다. 아기스 왕의 참모들이 적절히 조언하여 다윗을 참전하지 못하게 했기에 다윗은 자기가 살던 시글락 성으로 돌아왔다. 그런데 평소 다윗이 가서 노략질했던 종족들이 복수를 하여 성이 불타고 가족은 모두 사로잡혀갔다. 그제야 다윗은 제정신이 들었다. 하나님께 기도해서 응답을 받은 후 가족과 재산을 찾아오기 위해 아말렉 족속을 추격하기 시작했다.

그런데 그때 무리 가운데 문제가 생겼다. 전체 구성원이 600명인데 그들 중에 200명은 더 이상 걷지도 못할 정도로 지쳐 있었다. 작은 시내를 건널 힘도 없었다. 그때 다윗은 결정을 내렸다. 200명은 거기에 머물게 하고 400명만 데리고 적을 추격했다. 그동안 휴식 없이 사람들을 무리하게 동원한 상황이었기에 적절한 조치였다. 물론 이런 조치로 400명의 참전자가 남은 200명의 동료에 대해 불평할 소지는 있었다. 아무리 피곤하다고 자기 가족의 생사가 걸린 전쟁에 참전하지 못하느냐고 비난할 만도 했다. 그러나 넓은 의미의 공동체를 생각할 때 다윗은 바른 판단을 했다. 자기 몸도 가누지 못할 정도로 탈진한 200명은 전투현장에서도 오히려 짐이 될 수 있었다. 이것이 바로 공동체를 염두에 둔 다윗의 현명한 판단이었다.

아말렉 족속을 추격한 다윗의 무리는 하나님의 도우심으로 큰 승리를 거두었다. 넓은 들판을 가득 채웠던 적군 중에서 400명만 살아 돌아갔다. 큰 승리였다. 그런데 승리하여 돌아올 때 문제가 생겼다. 다윗의 무리 중 불량배 몇 사람이 일으킨 문제였다. 함께 참전하지 않고 뒤에 머물러 쉬고 있던 200명의 동료를 만났을 때 그들이 악한 생각으로 공동체를 위협했다. 그들은 200명의 동료에게는 처자들만 돌려주어 떠나게 하고 되찾은 물건이나 전리품은 나누어주지 말자고 제안했다. 합리적인 것처럼 보이지 않는가? 이 사람들의 제안은 능력에 따라 대우받는 사회로 변모한 우리 사회의 비정한 현실을 그대로 반영한다.

그러나 이때 다윗은 그들의 제안을 거절하며 분명한 원칙을 세워서 결정을 내렸다. 다윗은 남아 있던 200명에게도 가족뿐 아니라 빼앗긴 물건이나 전리품도 나눠주어야만 한다고 사람들을 설득했다. 그 이유는 간단했다. 첫째, 그 남아 있던 사람들도 한 '형제'였기 때문이다. 그들은 어제까지 전투를 함께한 형제였다. 얼마나 탈진했으면 자기 가족의 생사가 걸린 전투에 참여할 수 없었겠는가? 그러니 그 전쟁에서 이긴 결과물을 그들과도 함께 나누어야 한다고 사람들을 설득했다.

두 번째 이유는 하나님이 보호하셔서 수많은 적을 죽이는 전쟁을 하면서도 그들 중에는 죽은 사람이 없었기 때문이다. 400명이 참전해서 400명이 그대로 살아 돌아온 것은 전적으로 하나님의 은혜였다. 사실 그들이 열심히 싸워서 승리한 것 같지만 하나님이 함께하셨기에 그들이 한 사람도 죽지 않고 400명 그대로 돌아올 수 있었다. 그 전쟁은 하나님이 이기게 해주셨다. 그러니 다윗은 전리품을 200명의 형제와도 나누어야 한다고 설득했다. 이 두 가지, 형제 의식과 은혜 의식이 다윗이 보여주는 공동체 의식의 근거였다. 다윗은 자신의 '형제들'과 '하나님이 주신 것'을 함께 나누는 것은 지극히 당연하다는 논리로 공동체를 세워갔다.

21세기 능력 위주의 일터 사회에서도 이런 공동체 의식은 꼭 필요하다. 많이 가진 자, 능력을 가진 자는 열심히 일한 만큼 벌어서 잘산다. 그런 사람이 멋있어 보이고 부럽기도 하다. 그러나 능력 많고 가진 것이 많은 사람이 다른 사람들보다 더 일하고도 자신에게 돌아올 것을 좀 덜 가진다면 그 사람이야말로 정말 멋진 사람이다.

자본주의 국가들이 누진 납세제도를 유지하는 것도 바로 이런 공동체 의식에 기반을 두는 것이고, 이것이 사실은 성경의 원리이다. 많이 가진 자가 덜 가진 자와 나누어서 균등하게 하는 원리를 바울이 말한다. "이제 너희의 넉넉한 것으로 그들의 부족한 것을 보충함은 후에 그들의 넉넉한 것으로 너희의 부족한 것을 보충하여 균등하게 하려 함이라"(고후 8:14). 이게 무슨 공산주의인가 반문할 수도 있는데, 오늘날 공산주의 체제 하에서는 실제로 균등하게 나누지도 않고 나눠봐야 만족스럽지도 못한 경우가 많다. 함께 나누어 균등하게 하는 것은 공산주의가 아니라 본래 성경에서 말하는 공동체의 원리이다.

광야생활을 할 때 이스라엘 백성들이 먹었던 만나를 보면 많이 거둔 자나 적게 거둔 자나 거둔 것이 같았다고 한다. 하루 먹을 양의 만나보다 더 많이 거두어 저장해 두어도 그 만나는 썩었다. 적게 거둔 사람도 하루 먹을 것으로 충분했다(고후 8:15). 예수님이 말씀하시는 포도원 비유에서도 아침부터 일한 사람들이 한 데나리온을 받았지만 하루의 마지막 1시간만 일한 사람도 한 데나리온을 받았다. 왜 불공정하게 대우하느냐고 일찍부터 일한 사람들이 항의했다. 하지만 한 시간 일한 사람에게도 하루 일당을 주는 것이 주인의 뜻이라고 했다.

아침부터 일한 사람이 본래 약속한 하루 한 데나리온을 받지 못한 것이 아니었다. 적게 일한 사람에게도 한 데나리온을 준 것은 주인의 선의였다. 하루의 삶을 위해 필요한 기본적인 돈이 있어야 생활을 제대로 할 수 있다고 생각한 주인의 은혜로운 배려였다. 이것이 공동체의 원리이다.

## 사람들과 관계를 잘 유지하는 일에
## 쓴 다윗의 전리품

다윗은 전쟁을 마친 후 시글락 성으로 돌아와서 또 한 가지의 용도로 전리품을 사용했다. 그의 친구 유다 장로들에게 전리품을 보냈다(삼상 30:26). "보라. 여호와의 원수에게서 탈취한 것을 너희에게 선사하노라"는 멘트를 담은 문안인사를 첨부한 선물이었다. 그 선물을 여러 지역으로 보냈다. 벧엘, 라못, 얏딜, 아로엘, 십못, 에스드모아, 라갈, 여라므엘, 겐, 홀마, 고라산, 아닥, 헤브론 등이었다. 다윗과 그의 사람들이 왕래하던 모든 곳에 선물을 보냈다고 한다. 이 지명들 중 몇 곳은 유다 땅 남부 지역이지만 과거에 다윗이 떠돌던 모압, 아말렉 땅 같은 이방 땅의 지명들도 포함되어 있다. 전에 망명생활을 할 때 가서 친분을 맺고 도움받았던 사람들에게도 다윗은 감사를 표현하는 선물을 보냈다.

다윗이 그의 친구 유다 장로들에게 전리품을 보냈다고 하는데, '친구'가 '유다 장로들'과 동일인들인 것처럼 보이지만 히브리어 성경은 그의 친구들과 유다 장로들로 나눠서 기록한다. 유다 장로들뿐만 아니라 친분이 있던 더 많은 사람에게도 다윗이 전리품으로 감사를 표현했다. 물론 앞으로 왕위에 오르면 좋은 관계를 유지해야 할 유다의 장로들에게도 당연하게 선물을 보냈다. 명절에 거래처 사람들, 감사해야 할 사람들에게 선물을 보내듯이 그렇게 다윗이 사람과 관계를 부드럽게 하는 중요한 일에 전리품을 활용했다.

이렇게 여러 사람과 친밀한 관계를 유지하기 위해 노력하는 다윗의 태도는 매우 바람직하다. 선물로만 사람의 마음을 사로잡은 것이 아니었다. 사람을 대하는 다윗의 태도 자체가 남달랐다. 전에 전쟁에 참전하지 않은 200명의 동료에 대해서 분노하며 가족만 돌려주자고 하던 그 악한 사람들을 가리켜 다윗은 "나의 형제들아"(삼상 30:23)라 부르고 있다. 그들은 악한 사람들이고 문제를 일으키는 사람들(the evil men and troublemakers, 삼상 30:22, NIV)이라고 영어 성경은 표현한다. 다윗은 가족을 구하러 가는 전쟁에 참전하지도 못할 만큼 지쳤던 200명의 부하보다 크게 승리한 이후 공동체의 팀워크와 승전 분위기를 깨뜨리는 그 탐욕스러운 몇 사람이 더 못마땅했다. 그러나 다윗은 그들마저 '형제'라고 부르기를 주저하지 않았다.

다윗이 사람들을 형제라고 불렀던 것이 결코 말만의 허풍은 아니었다. 자신이 책임지고 있는 사람들에게 약점과 나쁜 점이 있고, 심지어 공동체를 그르치려고 해도 다윗은 그들을 품에 안았다. 이것이 바람직한 리더십이다. 전쟁에서 승리하고 전리품은 얻었는데 사람을 잃으면 그것은 말짱 도루묵이다. 사람은 전쟁에서 승리해도 보통은 전리품을 가지고 서로 싸운다. 그러면 얻는 것이 별로 없다. 말썽 부리는 아랫사람들마저 결코 포기하지 않는 다윗의 자세가 바로 전리품을 대하는 바람직한 자세이다. 전리품 자체보다 사람과의 관계, 즉 사람이 더 중요함을 다윗은 알고 있었다.

다윗이 보여주었던 공동체 의식은 오늘날의 일터에서도 계승되어야 할 일터 공동체의 멋진 유산이다. 이런 직장 안의 공동체 의식은 거창하고 커다란 일만 해야 드러나는 것은 아니다. 야근을 오랫동안 해야 하는 동료를 위해 함께 남아서 일을 도와주는 모습이 바로 공동체 의식이다. 동료의 고민을 함께 나누며 덜어주고 집안에 어려움이 있을 때 진심으로 걱정하며 따뜻한 정을 나눈다면 아름다운 공동체를 이룰 수 있다. 이런 작은 실천을 통해서도 우리 일터에서 진정한 공동체 의식이 꽃필 수 있다.

## 평생의 사명인 성전 건축을 위해
## 준비한 다윗의 전리품

이제 다윗의 전리품에 대해 조금 더 확대해서 생각

해보자. 다윗은 실제적으로 이스라엘 왕국을 시작하는 왕으로서 이스라엘을 굳건하게 세우기 위해 많은 전쟁을 했다. 그래서 다윗 왕의 아들 솔로몬의 시대에는 확고한 평화를 누릴 수 있었다. 아울러 다윗은 성전을 건축하려는 열정을 가지고 있었는데 그것이 다윗의 인생 비전이기도 했다. 상징적으로 하나님이 임재하시는 영광의 장소인 성전을 건축하기 위해 다윗은 많은 준비를 했다. 그러나 하나님은 다윗이 전쟁을 하느라 피를 많이 흘려서 성전을 건축하지 못한다고 말씀하셨다.

그래도 다윗은 포기하지 않았다. 하나님이 말씀하신 대로 성전을 건축하는 일은 아들 솔로몬의 몫으로 알았다. 그런데 다윗은 자신의 비전에 대한 이해를 새롭게 했다. 솔로몬이 성전을 짓도록 준비해주는 일이 자신의 할 일임을 깨달았다. 내가 못하면 자녀들이 하고 후배들이 하게 해야 하는 것이 진정한 비전이다. 나 혼자 모든 것을 다할 수도 없을뿐더러 하나님이 그렇게 하도록 두지도 않으신다. 비전은 계승을 통해 이루어짐을 다윗은 잘 보여주었다.

다윗은 그의 인생을 마치기 전에 성전을 위해 자신이 준비한 것이 무엇인가 이야기하면서 아들 솔로몬에게 성전을 잘 지으라고 유언했다. 이 유언의 내용을 살펴보면 다윗이 성전의 건축을 위해 준비한 재물이 엄청났음을 알 수 있다(대상 22:14). 다윗은 금과 은과 놋과 철과 목재와 돌을 준비했다. 금이 10만 달란트에 은은 100만 달란트를 준비하고 훨씬 많은 다른 재료를 준비했다. 한 달란트가 34kg인 것을 감안하면 엄청난 양임을 알 수 있다. 그런 많은 양의 금과 은, 동과 철, 목재와 같은 성전 건축의 재료를 다윗이 어디에서 얻었겠는가? 바로 숱한 전쟁을 하면서 전리품으로 얻었다고 볼 수 있다. 다윗의 전리품은 많은 부분 이렇게 솔로몬의 성전 건축을 위해 준비되었다.

전리품을 성전 건축의 재료로 준비했을 다윗을 보면서 우리 자신의 비전에 대해서도 교훈을 얻을 수 있다. 우리에게도 전리품은 우리 인생의 비전을 성취하는 도구가 될 수 있다. 우리도 우리가 하는 일의 성과를 통해 전리품을 얻어야 한다. 그 전리품으로 우리 인생의 성전을 지을 수 있다. 우리 인생에서 결국 남겨야 할 작품이 바로 이 전리품임을 다윗에게 배울 수 있다. 당신의 전리품은 무엇인가?

상징적이지만 궁극적인 우리 인생의 전리품은 바로 '땅'이다. 여호수아 10장 42절은 이스라엘 백성들이 얻은 가나안 땅을 가리켜 하나님이 주신 전리품이라고 말한다. "이스라엘의 하나님 여호와께서 이스라엘을 위하여 싸우셨으므로 여호수아가 이 모든 왕들과 그들의 땅을 단번에 빼앗으니라." 십자가 사역을 통해서 사탄을 물리치고 승리하여 전리품을 얻은 예수님을 우리는 잘 알고 있다. 사탄의 영역을 빼앗아서 우리는 하나님 나라를 확장해가야 한다. 그것이 바로 우리의 사명이다. 우리의 직업분야에서 악한 세력과 치열하게 싸워 우리의 고유한 영역을 확보해야 한다. 우리가 하는 일의 결과를 전리품으로 남겨야 한다. 크리스천의 비즈니스는 뭔가 남달라야 한다. 그 성과로 우리는 공동체를 만들고 사람들과 관계를 잘 유지하며 우리 인생의 작품을 남긴다. 우리도 어차피 전쟁하며 살아간다. 그 치열함을 수긍한다면 전쟁의 결과물인 우리의 전리품을 제대로 잘 남길 수 있고 잘 활용할 수 있어야 한다. 당신은 전리품을 준비하고 있는가?

# 12

# 베드로의 칼과 눈물

'칼'과 '눈물'은 서로 비교되거나 연관이 없어 보인다. 칼을 맞은 사람이 눈물을 흘린다면 관계가 있어 보이지만 베드로에게는 과연 어떤 의미가 있을까? 예수님이 십자가에 달려 돌아가시기 직전의 시간으로 돌아가 베드로를 주목하면 칼과 눈물이 깊이 연관되어 있다. 예수님이 유대교 당국자의 고발로 겟세마네 동산에서 사로잡힐 때의 일을 기록하는 부분에 베드로가 당황하고 분노하여 휘두른 '칼'이 나온다. 예수님이 대제사장의 집에서, 법대로라면 낮에 받아야 하는 심문을 불법적으로 밤에 받으실 때, 그때 베드로가 그곳까지 따라갔다. 거기서 예수님을 세 번 부인하고 나서 베드로가 통곡했다. 그때 베드로가 흘린 '눈물'을 우리가 유추할 수 있다. 이렇게 '칼'과 '눈물'을 연관 지어 일터신학의 관점으로 생각해보자.

## 분노하여 휘두르지
## 말았어야 하는 칼

결론부터 내리면 베드로가 휘두른 칼은 잘못되었다. 베드로의 칼은 어떤 의미였으며 결국 베드로가 왜 칼을 휘둘러서는 안 되었는지 생각해보자. 베드로가 칼을 휘두르지 말았어야 하는 이유를 생각하면 우리는 교훈을 얻을 수 있다. 우선 베드로는 분노해서 엉겁결에 휘두르면 안 되는 칼을 휘둘렀다. 사람은 보통 분노할 때 칼을 휘두른다. 손에 칼이 없어서 직접 칼을 쓰지는 않아도 많은 칼을 휘두른다. 심한 말 칼을 휘두르고, 주먹 칼을 휘두르고, 힘으로 자기를 과시하는 다양한 칼을 휘두른다. 그렇게 칼을 휘둘러 복수한다. 베드로가 이 밤에 분노해서 복수의 칼을 휘두른 일이 잘못이었다.

때는 한밤중이었다. 예수님이 제자들과 함께 가서 피땀을 흘리며 기도하신 겟세마네 동산에 수십 개의 횃불이 일렁거렸다. 공권력을 가진 유대교 당국자가 보낸 체포조가 몰려왔다. 배신자 유다가 앞장섰고 예수님에게 배신의 키스를 했다. 이때 제자 중에 "주여, 우리가 칼로 치리이까?"라고 질문을 한 사람이 있었는데, 그는 예수님이 뭐라 말씀하시기도 전에 칼을 휘둘렀다. 그 사람이 바로 베드로였다. 베드로는 화가 나는 것을 참지 못했고 행동으로 나타내 보여야만 했다. 물론 화가 나면 대부분의 사람은 문제를 일으킨다. 저질러 놓고는 금방 후회하는 경우가 많다. 그런데 베드로가 칼을 휘두른 이 경우에 있어서 베드로의 급작스러웠던 분노의 원인은 어디에 있을까? 이것은 우리가 화를 내는 원인일 수도 있다.

예수님이 베드로에게 말씀하셨다. "시몬아, 시몬아, 보라. 사탄이 너희를 밀 까부르듯 하려고 요구하였으나 그러나 내가 너를 위하여 네 믿음이 떨어지지 않기를 기도하였노니 너는 돌이킨 후에 네 형제를 굳게 하라"(눅 22:31-32). 베드로에게 하신 말씀이지만 동시에 제자 공동체를 염두에 두고 예수님이 예언을 하셨다.

베드로는 분노해서 칼을 휘두르기만 한 것이 아니었다. 새벽이 되기 전에 한 여종의 의심하는 눈초리와 쏘아붙이는 말 칼에 기가 죽어 예수님을 부인했다. 헌신하던 제자 베드로의 분노와 급작스러운 변절을 무엇으로 설명할 수 있는가? 바로 사탄의 '키질'이다. 사탄이 베드로를 들쑤셨다. 알곡과 쭉정이를 구별해내려고 바람에 날리며 흔들어 까부르듯 사탄이 유혹했다. 마치 욥과 같이 베드로도 사탄에게 치밀하고도 집요하게 키질을 당했다. 사탄이 제기한 욥의 약점은 '소유물'이었다(욥 1:9-12). 그래서 욥은 자신이 가진 것으로 사탄에게 시험당했다. 자녀와 재산, 그리고 건강을 잃는 처절하고 고통스러운 시험이었다.

하나님의 자녀들을 효과적으로 유혹하는 전략을 가지고 있는 사탄이 베드로의 약점도 파고들었다. 베드로를 어떻게 흔들면 그가 넘어질까 상상하며 그의 약점을 파고들었다. 분노하고 성급함을 잘 참지 못하는 베드로의 다혈질적인 기질이 베드로의 약점이었다. 물론 이것은 때로 베드로에게 장점이기도 했다. 추진력과 리더십의 한 요인이었다. 그런데 많은 경우 약점으로 나타났다. 베드로의 이 연약한 부분을 어쩌면 좋은가? 욥은 소유물의 시험을 끝내 이겨냈는데 베드로는 어떻게 되었는가?

우리도 이 분노의 칼을 휘두르면 안 된다. 분노하는 원인이 전적으로 사탄의 장난은 아니어도 많은 부분이 그럴 것이다. 물론 때로 의분도 있다. 불의를 보고 분노하여 떨쳐 일어나는 정의로운 분노이다. 힘이 들어도 용기를 내야 한다. 그런데 진정한 의분이라면 보통 칼을 휘두르지는 않는다. 칼로 표현하는 의분은 뭔가 잘못된 경우가 많다.

때로 칼을 들고 목숨을 걸며 의분을 표현해야 할 상황이 있긴 한다. 독일의 신학자였던 디트리히 본회퍼가 나치 정권과 맞서면서 한 말처럼 미친개가 설치는데 가만히 있으면 되겠는가? 몽둥이로 때려잡아야 다른 사람이 더 이상 물려죽거나 다치지 않는다는 뜻이다. 당시 독일의 나치 정권은 20~30퍼센트 국민의 지지를 받은 정권이 아니었다. 독일 국민의 전폭적인 지지를 받았다. 그래서 독일에서 소수의 양심적인 크리스천들이 고백교회를 중심으로 저항운동을 했고 본회퍼 같은 사람은 목사였지만 히틀러 암살을 모의하며 그 시도에 가담했다. 그렇게 의롭고 정당하게 칼을 휘둘러야 하는 의분은 있다. 그러나 우리가 일상에서 겪는 의분의 대상은 그리 흔하지는 않다. 우리가 잘 판단하고 경솔하지 말아야 한다.

우리가 화가 나서 칼을 휘두르면 보통 그 칼은 상대방의 칼과 똑같아진다. 베드로의 경우가 바로 그랬다. "예수께서 그 잡으러 온 대제사장들과 성전의 경비대장들과 장로들에게 이르시되 너희가 강도를 잡는 것같이 검과 몽치를 가지고 나왔느냐"(눅 22:52). 베드로의 칼은 예수님 체포조가 무장했던 칼과 똑같아졌다. 우리가 분노의 칼을 거두어야 할 이유가 여기에 있다. 칼을 가진 자는 칼로 망한다. 예외 없이 예수님의 말씀대로 다 망한다. 어떻게 망하는가? 바로 그가 가지고 설치던 그 칼로 망한다. "네 칼을 도로 칼집에 꽂으라 칼을 가지는 자는 다 칼로 망하느니라"(마 26:52). 예수님의 말씀을 우리가 명심해야 한다. 분노의 칼질, 복수의 칼질은 끝이 없기에 칼은 문제 해결의 실마리가 될 수 없다.

## 과도한 책임감 때문에
## 휘두르지 말았어야 하는 칼

둘째로 베드로의 칼은 책임감으로 과도하게 휘두르면 안 되는 칼이었다. 겟세마네 동산에서 그 상황을 지켜본 여러 제자 중에서 베드로가 나선 것은 바로 "내가 해야만 한다"는 책임감 때문이었다. 소극적으로 보면 "다른 제자들은 못하니 나라도 해야 한다"는 의무감 때문이었다.

베드로는 당시 제자들 사이에서 견고한 바위와 같던 사람이었다. 본래 이름이 시몬이었는데 예수님이 지어주신 새 이름이 '베드로'였다. 그 뜻은 '반석', 즉 '넓고 평평한 큰 바위'였다. 베드로는 그런 존재였다. 다른 제자들은 무서워서 다 도망갔을 때 베드로만 예수님이 심문받는 곳인 대제사장의 집 뜰까지 따라갔다. 요한복음을 보니 요한도 함께 따라가서 지켜보고 있었지만 예수님 가까운 곳까지 가서 동정을 살피고 사람들에게 예수의 잔당이라면서 추궁을 당하던 제자는 단 한 사람, 베드로뿐이었다. 베드로가 그만큼 책임감이 있었다.

유월절 만찬이 열리던 다락방에서 베드로는 결연하게 예수님과 함께 옥에도, 죽는 데도 따라가겠다고 했다. 의무감 때문이었다. 다른 제자들은 다 부인해도 자기는 부인하지 않겠다고 했다. 책임감 때문이었다. 그 책임감으로 두 자루 칼 중에 한 자루를 베드로가 지니고 있었다. 그런데 이것이 책임감 넘치는 베드로의 착각이었다. "그들에게 이르시되 내가 너희를 전대와 배낭과 신발도 없이 보내었을 때에 부족한 것이 있더냐. 이르되 없었나이다. 이르시되 이제는 전대 있는 자는 가질 것이요 배낭도 그리하고 검 없는 자는 겉옷을 팔아 살지어다. 내가 너희에게 말하노니 기록된 바 그는 불법자의 동류로 여김을 받았다 한 말이 내게 이루어져야 하리니 내게 관한 일이 이루어져 감이니라. 그들이 여짜오되 주여 보소서. 여기 검 둘이 있나이다. 대답하시되 족하다 하시니라"(눅 22:35-38).

예수님이 말씀하시는 돈주머니와 배낭과 신발, 그리고 칼은 눈에 보이는 물건이지만 반드시 그런 것만은 아니었다. 이제 예수님이 함께 계시지 않는 상황이 올 때 제자들의 처신을 비유적으로 말씀하셨다. 그런데 제자들은 이때 칼이 두 개가 있다고 대답했다. 예수님이 "족하다"고 말씀하신 것은 칼이 세 개까지는 필요 없이 충분하다는 뜻이 아니었다. 지금 더 이상 설명해봐야 제자들이 이해할 수 있는 상황도 아니고, 그럴 만한 수준도 아니었다. 그러니 더 이상 말하지 말자는 뜻으로 충분하다고 말씀하셨다.

제자들처럼 예수님의 말씀을 오해하면 안 된다. 베드로는 몇 시간 전에 예수님이 칼에 대해 말씀하셨으니 지금이 바로 칼을 쓸 때라고 넘겨짚었는데 그것이 큰 착각이었다. 우리는 책임감 때문에 베드로처럼 나대면 안 된다. 마치 당장 '반석'이 된 척했지만 베드로는 연약한 한 인간, 나약한 '자갈돌'로 전락하고 말았다. 베드로는 무모한 칼질로 체면을 다 구기고 말았다. 예수님이 말씀하셨다. "이것까지 참으라"(눅 22:51). 예수님의 말씀을 우리도 잘 들어야 한다.

베드로는 솔로몬의 칼을 배웠어야 한다. 솔로몬의 칼은 지혜로운 칼이고 사람을 살리는 칼이었다. 솔로몬이 유명한 재판에서 칼로 아이를 죽이는 것 같았지만 그 칼은 많은 사람을 살리는 의로운 칼이었다. 솔로몬은 그 칼로 엄마를 잃고 제대로 양육받지 못했을 아이를 살렸고 진짜 엄마도 살렸다. 가짜 엄마도 결국 죗값을 받고 사람답게 살아갈 기회를 주었고 그 재판을 지켜보던 모든 백성이 살맛나게 만들어주었다.

그런데 이 '칼'을 지혜롭게 제대로 쓰는 일이 그리 쉽지 않다. 그동안 역사 속에서 교회가 칼을 휘두를 때마다 교회는 칼을 잘 못쓴다는 사실을 입증해왔다. 중세시대의 십자군전쟁이 대표적이었다. 성지 예루살렘을 회복한다고 하면서 자신들의 이익을 위해 수많은 사람을 죽였고, 이슬람이나 다른 종교와 원수 관계를 만들어 놓았다. 역사 속의 수많은 종교전쟁이 그랬다. 구교와 신교 간의 싸움도 칼을 휘두른 것인데 어느 것 하나 성공한 종교전쟁은 없었다. 그 외에도 권력욕에 사로잡혀 사람을 내치는 일을 하는 교회와 교단, 교리 싸움을 하는 사람들도 수많은 칼을 휘둘렀지만 그 칼은 전혀 유익하지 않았다. 국가나 기업, 어떤 조직도 칼을 휘두를 때는 언제나 적절하지 못했다.

예수님이 말씀하신다. "이것까지 참으라." 온유함을 담아 참아내는 인내이다. 망치로 내리쳐도 깨지지 않는 두꺼운 얼음이 어떻게 녹는가? 봄이 되어 끈기 있게 내려쬐는 햇볕에 드디어 얼음이 녹아내린다. 그러니 칼을 함부로 휘두르지 않는 사람이 결국에는 이긴다. 예수님은 심문을 받으실 때나 십자가에 달리셨을 때 음모의 주동자들의 마음에 찔림을 주셨다. 예수님은 칼 대신에 십자가 죽음이라는 온유한 순종을 통해 결국 그 사람들을 살리셨다. 그들의 칼을 녹이셨다.

우리도 칼을 제대로 써야 한다. 솔로몬이 하나님께 기도해서 받은 은사인 '지혜'의 칼을 잘 썼던 것처럼 우리도 우리 자신의 칼을 잘 준비해야 한다. 골리앗의 칼과 단창에 대항한 다윗의 물맷돌에서 우리가 칼을 제대로 쓰는 단서를 찾을 수 있다. 다윗은 골리앗과 같이 '칼'을 들고 전장에 나가지 않았다. 대신 그가 충분히 연습해서 익숙한 '물매와 물맷돌'을 가지고 나갔다. 결국 다윗은 칼이 아닌 자기의 강점을 통해 골리앗을 이겨냈다. 하나님이 지금까지 목동으로 살아왔던 다윗의 인생에서 준비하게 하신 은사와 능력을 다윗은 잘 활용했다.

그러니 베드로도 칼을 쓰면 안 되었다. 사실 베드로는 어부였기 때문에 칼에 익숙하지 않았다. 생선회를 뜰 때나 칼을 썼을까? 베드로가 사용했어야 할 '물맷돌'은 무엇인가? 바로 그가 3년간 예수님의 제자로 훈련받은 제자의 삶이다. 이제 더 이상 고기를 잡는 것이 아니라 '사람을 낚는 어부'가 되게 하겠다고 하신 바로 그 소명이다. 베드로는 칼 대신 바로 이 소명으로 사람을 상대했어야 한다.

## 베드로, 칼보다 더 강한
## 회개의 눈물을 흘리라

베드로가 칼 대신 제대로 소명을 찾아 사람을 상대하기 위해 꼭 필요한 것이 있었다. 바로 '눈물'이다. 그런데 눈물이 그냥 흐르지는 않는다. 베드로의 눈에서 눈물이 샘솟듯 흘러나와 회개하고 돌이키기 위해서는 주님의 눈빛이 필요했다. 주님이 베드로를 바라보신 그 눈길이다. 심문받던 예수님이 베드로를 바라보셨다. 베드로가 예수님을 세 번째 부인하고 새벽닭이 울었을 때였다. 바로 그때 예수님이 돌이키셨다. 아마도 고개뿐만 아니라 몸을 돌려 베드로를 바라보셨을 것 같다.

예수님이 이렇게 돌이켜 베드로를 보신 것은 어떤 의미가 있을까? 모든 것을 다 아신다는 뜻이었다. 닭이 울 때 베드로는 예수님이 "오늘 닭 울기 전에 네가 세 번 나를 부인하리라"고 하신 그 말씀이 기억났다. 예수님은 그 모든 과정을 이미 다 아셨다. 베드로의 속마음도 다 아셨다. "내가 네가 한 모든 말을 다 들었다. 부인과 맹세와 분노, 그 모든 것을 다 들었다. 네 마음을 다 안다." 예수님은 "뭇 사람의 마음을 아시는 주"(행 1:24)이시다. 친히 사람의 속에 있는 것을 아는 분이시다(요 2:25).

다 보고 아신 주님은 아무 말씀이 없으셨다. 실망에 찬 눈빛으로 고개를 절레절레 흔들지도 않으셨다. "네가 그럴 줄 알았다!"라면서 실망하고 무시하며 고개를 돌리지도 않으셨다. "내가 뭐랬니? 왜 내 말 안 들었어?"라고 야단치지도 않으셨다.

사실 예수님도 사탄의 손아귀를 벗어나기 위해 고통받으셨던 경험이 있다. 3년 전, 광야에서 시험받을 때 그 사탄의 손길이 얼마나 냉혹한지 알고 계셨다. 예수님은 베드로를 향해 원망의 눈빛을 보이지도 않으셨다. 모든 것을 이해한다는 표정이었다. 부인하고 저주하고 욕하며, 스승이자 구세주인 예수님과 엮이기를 피하고 살길을 찾으려던 베드로지만 그래도 예수님은 그를 사랑하는 눈빛으로 바라보셨다.

이런 예수님의 눈길로 인해 베드로의 죄를 가리고 있던 휘장이 벗겨졌다. 주님을 부인할 때는 큰 죄를 짓고 있다고 생각하지 못했으나 주님의 눈빛을 보고 베드로는 자기가 저지른 행동의 추악함을 보았다. 베드로는 달아나 숨고 싶었다. 그 자리를 피해서 도망갔다. 가슴을 주먹으로 치고 머리를 쥐어뜯었다. 죄스러움을 주체할 수 없었다. 괴로웠다. 자신이 한심했다. 견디기 어려웠다. 그래서 통곡하며 주저앉았다.

더 이상 흘릴 눈물이 없을 만큼 울고 또 울었다. 많은 생각이 났다. 예수님을 만난 첫날부터 그날까지의 일들이 기억났다. 장모님이 열병에 걸렸다가 예수님의 치유로 나은 일, 밤새 고기 한 마리도 잡지 못하다가 말씀에 따라 그물을 내렸더니 두 배 가득 고기를 잡은 일, 어떻게 제자 공동체 속에서 주님에게 돌봄을 받고 교육을 받았는지 베드로는 지난날을 돌아보았다. 숱한 허세와 헛발질, 그때마다 주님이 손 내밀어주셨던 그 모든 순간이 기억났다. 계속 눈물이 솟구쳤다. "제가 무슨 짓을 했나요? 주님, 이 밤을 거꾸로 좀 돌려주십시오. 캄캄한 시간, 저주스러운 그 시간을 돌려 제게 한 번 더 기회를 주십시오. 주님, 제발 긍휼을 베푸소서."

이렇게 주님의 눈길은 베드로의 죄를 가리는 휘장을 벗겨버렸다. 주님의 눈길은 마음을 녹인다. 참된 회개의 눈물을 흘리도록 만든다.

또한 중요한 것은 주님의 눈길은 베드로가 절망의 눈물을 흘리지 않도록 하셨다는 점이다.

예수님을 팔아먹은 유다도 후회하고 돌이켰다. 하지만 물러가서 스스로 목매어 죽었다. 베드로도 예수님을 부인한 후 심히 통곡했다. 그러나 회개하고 돌이켜 회복되었다. 무엇이 한 사람은 양심의 가책으로 목숨을 끊게 만들고, 한 사람은 통곡하며 회개하여 회복되게 만들었는가? 한 사람은 자기를 깨운 양심의 무서운 밝은 빛 아래에서 자신을 보니 자기 죄가 감당이 되지 않았다. 그래서 유다는 절망했다. 그런데 한 사람은 용서하시는 예수님의 눈길, 그 애정 어린 눈빛을 보면서 자기 죄를 제대로 보았다. 그분이 나를 위해 기도해주신 분이고 나를 용서하신 분이라는 사실을 깨달았다. 그래서 베드로는 회복되었다. 유다와 베드로의 차이는 바로 이것이다. 주님이 돌이켜봐주신 그 눈빛, 그 사랑의 눈길이 베드로를 회개하여 돌이키게 했다. 예수님을 직접 만난 그 인격적인 교감이 결국 베드로를 다시 세웠다.

사탄의 키질은 끝났다. 이제 껍질 벗겨진 신앙의 알맹이가 남았다. 알량한 작은 낟알은 쭉정이나 다름없다. 삶을 감싼 두꺼운 껍질을 그렇게 벗고 나니 이제 벌거벗은 존재가 되었다. 그러나 주님이 함께하시니 베드로에게는 이제 새 희망이 생겼다.

이 베드로를 비난할 수 있는가? 우리 자신을 한번 돌아봐야 한다. 우리도 아무도 모르는 방법으로 주님을 부인하지 않았는가? 주님이 우리를 위해, 나를 위해 기도하고 계신다. 사랑하는 눈빛으로 돌아봐

주신다. 그 눈빛을 바라보라. 그리고 울어야 한다. 눈물 흘리라. 눈물에 회개를 담아야 한다. 돌이켜 새로 인생을 시작하려는 의지를 담아야 한다. 주님에 대한 감사를 담아내는 눈물을 흘려야 한다.

물론 눈물 그 자체가 우리의 죄를 씻어내지 못한다. 그러나 그리스도의 눈길을 받으면 왜 눈물이 나는가? 그리스도의 사랑이 홍수처럼 나의 죄를 씻어가셨다는 확신 때문에 눈물이 난다. 그 사랑에 감사해서 눈물이 난다. 나의 죄악이 심각하지만 그리스도의 사랑이 더 크고 놀라움을 깨닫기에 눈물이 홍수를 이룬다. 그래서 칼보다 눈물이 더 강하다. 칼로는 이기지 못하지만 눈물은 인생을 승리로 이끈다.

우리는 칼로 무엇을 할 수 없다. 우리에겐 눈물이 필요하다. 우리도 베드로와 같이 칼이 아니라 눈물이 필요하다는 것을 알 때 예수님의 제자로 살아갈 수 있다. 우리도 베드로와 같은 처지를 경험한 후에 비로소 내 힘이 아니라 겸손하게 하시고 다시금 불러주시는 분, 바라봐주시는 분을 의지해 소명의 삶을 살 수 있다. 칼이 아니라 눈물이 복음이다. 주님이 바라보신 사람이 흘리는 눈물이 구원의 축복을 가능하게 한다. 베드로를 바라보신 주님이 우리를 바라보신다. 이런 귀한 눈물의 은혜를 우리도 얻을 수 있다.

# 13

# 사울 손의 창,
# 다윗 손의 수금

일터에서 하루를 보낼 때 당신의 손에 무엇이 가장 오래 머무르는가?
작업 도구인가? 자동차 핸들인가? 키보드인가? 볼펜인가? 아마도 요
즘에는 스마트폰이 우리 손에 가장 오래 머무르는 것 같다. 성경책인
가? 그렇다면 당신은 경건한 사람이다. 책 좀 본다는 사람은 적어도
하루 중 한 시간 이상은 손에 책을 잡고 있을 듯하다. 우리는 골고루
여러 가지 사물을 손으로 만지면서 살아간다. 워킹맘은 일을 마치고
집에 가도 집안일, 아이 돌보는 일로 또 손에 무언가 가득 잡고 지낸
다. 하지만 힘든 시간도 흘러가고 추억하게 될 날이 틀림없이 있다.
우리는 보통 이렇게 누구나 손으로 일을 한다. 도구를 손에 잡고 일을
한다. 3천 년 전에 이스라엘 땅에 살았던 유명한 두 사람의 손에 들린

'창과 수금'을 일터신학의 관점으로 살펴보려고 한다. 오늘 우리에게 어떤 의미를 줄까? 직장에서 필수적 인간관계인 상하관계 속에서 살아가는 우리에게 중요한 안목 하나를 보여준다.


## 강점의 '창'을 적재적소에
## 활용하지 않으면…

사울 왕은 이스라엘 왕국의 초대 왕이었다. 지금 우리나라도 대통령이 군 통수권을 가지고 있듯이 당시 왕정시대에 왕은 군대의 최고 지휘관이었고, 전투에 직접 참여하기도 했다. 사울 왕도 블레셋과 전면전을 벌일 때 이스라엘 진영의 총사령관으로 참전했다. 우리가 살펴보려는 사울 왕의 손에 들려 있던 '창'도 전쟁과 관련되어 있다. 목동이면서 사울 왕의 악사 겸 비서로 일하던 다윗이 골리앗과 맞서 싸워 한 방의 물맷돌로 죽인 바로 그 전쟁을 살펴보아야 한다.

아마도 사울 왕은 탁월한 창던지기 실력을 가지고 있었던 것 같다. 당시 이스라엘의 평균 키를 가진 사람들보다 어깨 위 머리 하나가 더 있을 정도였으니(삼상 10:23) 사울 왕은 대단히 체격이 큰 사람이었다. 더구나 당시 이스라엘은 철기문화를 가진 블레셋보다 뒤쳐진 청동기문화 시대였던 상황에서 철로 만든 좋은 창을 사울 왕이 가지고 있었다(삼상 13:22). 그러면 손에 창을 든 사울 왕이야말로 골리앗과 맞서 싸울 수 있는 사람이었다. 큰 키에, 더구나 철로 만든 좋은 창을 가지고 있는 사울 왕이야말로 골리앗의 유일한 상대였다. 또한 다윗이 그랬던 것처럼 가까이에서 칼과 같은 무기로 맞서 싸우지 않고 멀리서도 유리하게 활용할 수 있는 무기가 바로 창이었다.

그러니 사울은 자기가 나서서 싸웠어야 할 전투에 다윗이 대신 나가 목숨 걸고 싸웠는데, 그 다윗에게 창질을 해서 죽이려고 했던 셈이다. 이런 경우 없는 사람이 어디 있는가? 사울 왕이 직접 골리앗과 맞서서 싸웠어야 했다는 나의 생각이 그리 억측은 아니다. 나중에 다윗은 골리앗과 비슷한 이스비브놉이라는 거인족 장수와 직접 맞상대했다(삼하 21:15-17). 다윗은 나이도 많았고 몸이 피곤한 상황이었는데도 마다하지 않고 나가서 싸웠다. 사울 왕도 당연히 그렇게 했어야 하지 않았는가? 이렇게 제대로 할 일을 하지 않으니 열등감에 빠지고 생각도 삐딱해졌다. 열등감은 일을 열심히 하는 사람에게는 사치에 불과하다. 자기가 할 일을 다하지 않으니 열등감에 빠지는 쓸데없는 여유도 생긴다.

물론 모든 일의 책임을 사울 왕에게만 돌릴 수 있는 것은 아니다. 상황적으로도 사울 왕에게 좋지 않은 부분이 있었다. 승전 퍼레이드를 할 때 문제가 생겼다. 여인들이 노래를 했는데 그 노래가 문제가 되었다. 개선하는 이스라엘 군대를 맞으며 여인들이 나와서 노래하고 춤추고 소고와 경쇠를 가지고 환영행사를 하는데, 환영받는 주체는 바로 '왕 사울'이었다. 백성들은 왕을 중심으로 이스라엘의 군대를 환영했다. 이것은 너무도 당연하다. 국가 간 전쟁에서 승리해서 돌아오는데 환영받는 사람은 사령관인 왕이어야 한다. 성경은 그것을 기록하고 있다(삼상 18:6). 다윗이 골리앗을 죽였더라도 결국 그 전쟁의 승리에 대한 칭찬은 누가 받는가? 혹시 다윗이 블레셋 군인들을 혼자서 다 죽였다 하더라도 이스라엘 군대의 책임자인 사울 왕이 승리의 영광을 누리고 찬사를 받을 최종적인 사람이었다. 조직 사회에 있는 사람은 이런 원리를 쉽게 이해할 수 있다.

그러니 여인들의 노랫말은 문제가 있었다. "사울이 죽인 자는 천천이요 다윗은 만만이로다." 나는 이 노래 가사가 잘못되었다고 생각한다. 이것은 금지곡이 되었어야 하는 나쁜 노래였다. 성적 지상주의요 성과로만 말하라고 하는 오늘 우리 사회의 병폐를 3천 년 전 이스라엘 땅에서도 똑같이 보는 안타까운 일이었다. 왜 이렇게 비교를 한단 말인가?

"다윗이 죽인 블레셋 군인이 만만명인데 역시 사울 왕 밑에서 뛰어난 소년 장수가 탄생했도다!" 만약 이렇게 노래했더라면 어땠을까? 그런 가사는 별로 재미가 없는가? 사실 인기 있는 노래의 효과는 극적으로 대조하는 데서 나타난다. "사울은 천천이고 다윗은 만만"이라면서 숫자가 점증하고 선명하게 대조하니 그 노래가 특별한 인기를 누렸다. 여인들이 부른 이 노래가 요즘 식으로 말하면 빌보드차트에 오르는 노래였다. 나중에 다윗이 망명을 떠났을 때 블레셋의 왕 아기스와 그 신하들도 이 노래를 알고 있을 정도였다(삼상 21:11).

골리앗을 죽인 다윗이 잘하긴 했지만 블레셋 군대를 추격하면서 그 전쟁을 승리하게 한 다른 이스라엘 병사들의 노고도 칭송받아야 했다. 또한 궁극적으로 그 군대를 지휘해서 승리를 가져온 사울 왕이 지휘관으로 받을 영광을 여인들이 고려했어야 한다는 말이다. 그러니 이 여인들의 노래 가사가 일단 문제였다. 안타깝게도 이런 잘못된 비교의식이 열등감을 부추겼다. 사울 왕이 불쾌했다. 여론이 이렇게 다윗에게 더 많은 공을 돌리니 이제 사울 왕은 이렇게 걱정을 쏟아놓았다. "그가 더 얻을 것이 나라 말고는 무엇이냐?" 사실 이런 점도 사울 왕의 입장에서는 걱정할 만했다.

여하튼 이렇게 문제가 의도하지 않은 방향으로 번지고 불거졌지만 사울 왕이 만약 자기가 나서서 그 전쟁을 승리로 이끌었다면 그런 불미스러운 일도 생기지 않았을 일이다. 자신의 창던지기 실력을 묻어두었기에 생긴 일이다. 용기가 없었으니 사울 왕은 나서지 못했다. 우리는 사울 왕의 실패를 보면서 우리의 강점을 잘 활용해야 한다. 엉뚱한 곳에 힘을 쓰면 안 된다. 내가 가진 능력을 가장 필요한 때에 활용해야 한다. 창을 던질 능력을 가지고 있으면 골리앗을 향해 던져야 한다. 그러지 못하니 엉뚱한 곳에서 문제가 터지고 만다.

# 그 창끝이 엉뚱한 곳을
# 겨누게 된다

창을 던져야 할 사람에게 던지지 못하니 사울 왕은 엉뚱한 곳을 향해 창을 날렸다. 고대 근동 올림픽 경기가 있었다면 창 던지기 선수로 출전한 사울 왕을 상상해보라! 때는 승전 퍼레이드가 있던 바로 다음 날이었다. 사울에게 악령이 내리자 정신없이 떠들었는데 그때 악령을 쫓아내기 위해 수금을 타는 다윗에게 사울이 창을 날렸다. 다윗이 이날 두 번 사울 왕의 창을 피했다(삼상 18:10-11).

이후에 사울 왕이 다윗을 천부장으로 강등하고 궁궐을 떠나 일하도록 조치했다. 그런데 변방으로 좌천시켜도 다윗이 일을 잘하니 또 그 점이 사울 왕에게 큰 두려움이 되었다. 전에 이렇게 이야기하는 한 직장인의 말을 들었다. "아랫사람은 잘나도 밉고 못나도 미워요." 공감하는가? 아랫사람이 무능하고 못나면 미운 건 당연하다. 그런데 잘나도 밉다니 무슨 말인가? 적당히 잘난 것은 좋은데 나보다 잘난 건 용서가 안 된다는 뜻이다. 사울 왕이 바로 그런 심정이었다.

다시 전쟁이 일어나고 다윗이 나가서 또 승리하여 사울 왕에게 승전을 안겨주었다. 그때 또 한 번 사울 왕은 다윗에게 창을 던졌다. '올림픽 창던지기 2차 시기'였다. 이제 좀 더 근거리에서 정확하게 맞추기 위해서 '단창'을 준비했던 것일까? 손에 단창을 가지고 있던 사울 왕이 다윗을 향해 던졌다. 사실 가까이에 있는 목표를 맞출 때 긴 창은 효과적이지 못하다. 예비동작이 커야 하니 거추장스럽기 때문이다. 다윗이 있던 곳의 거리가 멀지 않으니 짧은 창으로 더 효과적으로 맞출 수 있었다. 다윗을 죽이기 위해 사울 왕이 치밀하게 준비한 것을 알 수 있다. 다윗이 정말 미웠다. 죽이고 싶었다. 그래서 사울 왕은 창을 바꾸었다. 사울이 던진 단창은 정확하게 다윗에게 날아갔을 것이다. 다윗이 정말 간발의 차이로 피했고 단창은 벽에 박혔다.

이런 사울 왕에게는 광기가 있었다. 분노를 제대로 조절하지 못했고 정서적으로 어려움이 많았다. 심지어 요나단 왕자에게도 창을 던져 죽이려고 했다(삼상 20:33). 사울 왕은 나라의 장래를 걱정했기에 이렇게 창질을 했다고 명분을 내세웠을 것이 뻔하다. 자기 아들에게 계승되어야 할 왕위가 엉뚱하게 다윗이라는 시골 목동 출신인 남에게 가게 생겼으니 화가 나는 것은 당연했다. 그런데 사실 그 일도 자기가 파놓은 무덤인 걸 어쩔 것인가? 하나님에게 불순종해서 왕위를 계속 이어가지 못하고 다른 사람에게 넘겨주게 된다는 예언이 있었고(삼상 15:22-29), 사울도 그 사실을 알고 있었다. 사울 왕도 다윗이 이스라엘의 왕이 될 줄을 알고 있었다고 그 아들 요나단이 다윗에게 말해주었다(삼상 23:17).

이런 안타까운 일이 결국 사울 왕의 손에 있던 창으로 인해 시작되고 확대되었다. 제때 써야 할 곳에 창을 쓰지 못하니 엉뚱하게 질투의 화신이 되어 다윗에게 못된 창질을 하면서 사울 왕은 이미지를 구겼다. 사울 손의 창은 이래저래 안타까운 도구이자 불행한 사물이었다.

# 당신의 손에 들린
# 수금 연습에 매진하라

요즘 직업인의 능력을 말할 때 'T형 인재'를 언급한다. T자의 아래로 내려가는 획은 직업적인 전문성을 말한다. 이런 전공 능력이 있어야 직업인으로서 영향력을 발휘할 수 있다. 그러나 우리가 잘 알고 있듯이 능력만 가지면 일을 잘하는 것이 아니다. T자의 옆으로 가는 획은 전문성에 곁들인 부가적인 능력을 말한다. 인간관계나 팀워크 능력, 리더십, 요즘 많이 강조하는 인성도 포함되고, 취미생활, 개인기 등 업무 외적인 능력을 말한다. 다윗이 가지고 있던 후자의 능력을 우리가 확인할 수 있다. 사울의 창을 피해 다니던 다윗의 손에는 수금이 들려 있었다.

다윗은 목동으로서 전문성을 가지고 있었다. 물매를 이용해 물맷돌을 던져 곰이나 사자를 죽인 적도 있었다. 그런 내공을 가지고 골리앗과 맞서 싸울 때 바로 그 전문성을 잘 활용했다. 싸움을 시작하는데 다윗은 달려가면서도 조준을 잘했다. 그래서 골리앗의 이마에 물맷돌을 명중시켰다. 한 방에 골리앗을 제압하는 능력을 가지고 있었다. 이것이 다윗의 전문성이다.

다윗에게 한 가지 능력이 더 있었는데 바로 수금 타는 능력이었다. 작은 하프 같은 모양의 현악기인 수금을 연주하는 개인기를 다윗이 가지고 있었다. 이 능력을 통해 다윗은 사울 왕의 악사 겸 비서가 되어 사울 왕의 궁궐에 들어가게 되었다. 거기서 궁궐 문화를 접하는 혜택을 누렸다. 다윗은 아버지가 왕이 아니었기에 궁궐 문화를 익힐 수 있는 여건이 부족했다. 그런데 사울 왕의 곁에 늘 붙어 있으면서 다윗은 사울 왕과 신하들이 어떤 이야기를 나누는지 들었다. 또 아마도 어떤 서류에 사인을 하는지 지켜보았다. 이렇게 다윗의 궁궐생활은 다윗의 인생에서 참 중요한 경험이었다. 제왕수업을 받는 기회였다. 스스로 왕조를 세워야 하는 입장에 바로 이런 기회를 통해 차질 없이 왕이 되는 과정의 수업을 받았다. 그런 기회를 제공한 것이 바로 다윗의 수금이었다. 다윗의 수금은 이런 중요성을 가지고 있다.

다윗은 아마도 평소에 열심히 수금 타는 연습을 했을 것이다. 물맷돌 던지기 만큼 많은 노력을 기울였을 것이 분명하다. 그가 지었던 수많은 시편을 노래하면서 수금 연주를 했다. 작사자이자 작곡가이기도 한 요즘의 싱어송라이터와 같은 재능을 다윗이 가지고 있었다. 다윗의 연주는 탁월한 효과가 있었다. 사울 왕의 영을 사로잡고 있던 악령이 쫓겨나고 정신을 차릴 정도로 다윗이 수금 연주를 잘했다. 열심히 연습해서 그런 경지에 이르렀다고 상상할 수 있다.

사울 왕에게 천거되었던 상황을 통해 다윗을 추천한 사람의 '추천사'를 볼 수 있다. "내가 베들레헴 사람 이새의 아들을 본즉 수금을 탈 줄 알고 용기와 무용과 구변이 있는 준수한 자라. 여호와께서 그와 함께 계시더이다"(삼상 16:18). 수금을 연주하는 능력뿐만 아니라 무술 능력과 화술 능력, 그리고 외모는 물론이고 영성까지 갖춘 인물이 다윗이었다. 사울 왕의 악사 겸 비서로 손색이 없는 스펙을 갖추고 있었다.

그런데 다윗이 수금 연주를 잘하고 여러 가지 능력을 갖추게 된 배경에는 그의 핸디캡이 자리하고 있다. 아프고 슬픈 과거, 어린 시절의 이야기가 있다. 사무엘 선지자가 차기 왕에게 기름 붓기 위해 이새의 집으로 찾아왔을 때 다윗은 들에서 계속 일을 하느라 정작 그 모임에 참여하지도 못했다(삼상 16:6-13). 막내가 집안의 양을 치는 당시의 전통과 관행에 따라서 들에 머물러 있었기 때문이다. 형들은 몇 년 동안만 일하고 동생에게 물려주었을 그 목동 일을 다윗은 오랫동안 했다. 아마도 10여 년 이상 했을 것으로 보인다. 왜냐하면 안타깝게도 더 이상 다윗의 남동생이 태어나지 않았기 때문이다.

이렇게 오랫동안 목동 일을 한 다윗이 물매를 던지는 연습도 형들보다 더 많이 했을 것 아닌가? 그리고 수금을 연주하는 기회도 더 많이 가졌다. 그러니 다윗에게는 집안의 양 치는 일을 오래 했다는 핸디캡이 오히려 기회가 되었다. 이런 사례가 종종 있다. 일하는 사람은 직장 생활을 오래 하다 보면 이런 경험을 하곤 한다. 힘들고 어렵게 그 일을 겨우 감당했는데, 돌아보니 그때 그 일이 바로 기회가 되어서 유익을 가져다준다. 이런 전화위복의 기회가 우리에게도 있을 수 있다.

오늘 우리도 다윗처럼 우리에게 주어진 기회에서 직업적인 능력뿐만 아니라 취미와 개인기, 당장 능력을 발휘하는 일과는 거리가 먼 것 같은 관계의 영성을 위해 노력해야 한다. 그러다 보면 다윗 손의 수금과 같은 중요한 역할을 하는 강점을 우리도 가질 수 있게 된다.

왜 다윗이 상처를 받지 않았겠는가? 여러 번 근거리에서 창에 맞아 죽을 뻔한 경험을 했으니 그 트라우마가 얼마나 컸겠는가? 사무엘상 26장에서도 망명을 떠난 상황에서 사울 군대가 잠든 진중에서 다윗이 사울 왕을 죽일 수 있는 기회를 맞았다. 하나님이 잠들게 하셔서 사울 왕을 포함하여 모든 병사가 다 잠들었다. 그래도 왕을 지킨다고 측근 부하 장수들이 사울 곁에 둘러서 잠이 들었고, 사울의 창은 땅에 꽂혀 있었다. 머리맡에 권총을 두고 잠든 모습이다. 아비새라는 다윗의 부하가 이렇게 권한다. "오늘 당신의 원수를 하나님이 당신의 손에 넘기셨습니다. 창으로 찔러 단번에 땅에 꽂으십시오. 두 번 찌르지 않아도 충분할 겁니다"(삼상 26:8 참조).

이때 다윗은 자신의 손을 들어 하나님이 기름 부으신 왕을 찌르지 않겠다고 말했다. 다윗은 사울 왕을 해치지 않는 대신 자신이 왔다 갔다는 표시로 왕의 물건 두 가지를 가져갔다. '창과 물병'이었는데 야전에서 전투하는 사람에게는 필수적인 물건이었다. 다윗은 특히 두 물건 중에서 '창'에 더 많은 감정이 담겨 있었을 것 같다. 그 창이 어떤 창인가? 자기를 죽이려고 사울 왕이 여러 차례 던지던 바로 그 창이었다.

얼마 후 사울 왕이 잠에서 깨어나자, 다윗이 건너편 산 꼭대기에서 이렇게 외쳤다. "왕은 창을 보소서. 한 소년을 보내어 가져가게 하소서"(삼상 26:22). 이 창으로 당신을 죽일 수도 있었지만 그러지 않았다는 뜻이 아니었을까? 다윗은 자기를 죽이려고 던지던 사울의 창에 대해 이렇게 멋지게 되받았다. 사울 왕은 자기를 위해서 수금을 연주하는 다윗에게 창을 던져 죽이려고 했다. 그런데 다윗은 그 창으로 사울 왕을 죽일 수 있었으나 그렇게 되돌려주지 않았다. 복수하지 않았다. 창으로 복수하는 자는 창으로 망하게 되어 있다. 예수님이 말씀하시지 않았는가? "네 칼을 도로 칼집에 꽂으라. 칼을 가지는 자는 다 칼로 망하느니라"(마 26:52).

혹시 지금 당신은 창을 피하면서 살고 있는가? 일터에서 윗사람의 지적하는 말의 창에 찔려 고통스러운가? 까다로운 고객과 거래처 사람의 엉뚱하고 '진상' 같은 창에 찔려 피 흘리고 있는가? 그런데 그 창 끝을 되돌려 복수한다고 마음이 편해지지는 않는다. 문제가 해결되는 것도 아니다. "왕은 창을 보소서. 한 소년을 보내어 가져가게 하소서." 창을 던지는 상대방이 스스로 느끼고 감동하도록 다윗은 자기를 향해 날아오던 그 창을 되돌려 주었다. 당신에게 날아오는 창을 되돌려줄 방법을 잘 궁리해보라.

이런 사람이 수금 연습에 매진한다. 다윗의 손에는 수금이 있었다. 평소에도 자주 연주하며 하나님을 찬양하고 시편을 노래하던 바로 그 수금 말이다. 사울 왕을 치유하고 그의 영혼을 달래주던 그 수금을 다윗이 연주했다. 당신도 창으로 복수하는 대신 수금을 연주하라. 창 던진 그 사람을 진정으로 치유해줄 수 있는 멋진 도구가 바로 수금이다.

또한 다윗의 수금은 사울 왕만 치유한 것이 아니었다. 수금을 연주하며 다윗은 하나님을 향해 자신의 억울함을 기도하고 눈물 흘렸다. 사울만 위로한 것이 아니라 자신을 위로했다. 창 맞아 죽을 뻔한 자신을 수금으로 위로했다. 창에 맞아 아플 때, 정말 괴로울 때, 내가 이러다 죽을 것 같을 때가 있는가? 그때 당신의 수금을 꺼내 연주하라. 노래하라. 기도하는 것이다. 하나님께 다 하소연하라. 당신의 넋두리를 하나님이 다 받아주신다. 당신 손의 그 수금이 틀림없이 당신을 치유해준다.

다윗이 열심히 수금을 연습하면서 하나님을 향한 감동적이고 정서적인 신앙을 표현해서인지 다윗의 아들 솔로몬 왕은 지혜가 뛰어났다. 문학과 예능, 과학분야에서 탁월했다. 솔로몬이 "잠언 삼천 가지를 말하였고 그의 노래는 천다섯 편"이었다고 한다. 초목에 대해서 레바논의 백향목으로부터 담에 나는 우슬초까지 논하고 짐승과 새와 기어 다니는 것과 물고기에 대하여 해박한 지식을 가지고 있었다(왕상 4:32-33).

수금을 연주하고 노래하는 아버지 다윗을 아들 솔로몬이 보고 배웠다. 수금을 연주하여 사람을 살리는 다윗의 유전자가 멋진 유산이 되었다. 사울 손을 떠나지 않았던 창과 같이 사람을 해롭게 하고 죽이는 능력을 얻기 위해 아웅다웅하지 말라. 사람을 치유하고 도와주며 결국 자신도 유익을 얻는 수금을 통해 세상을 아름답게 할 수 있다.

P·A·R·T·4

## 성공의 일터신학

# : 일하는 목적이 무엇인가?

# 14

# 여로보암의 금송아지

요즘에는 '융합'이니 '퓨전'이니 해서 이것저것 섞어서 시너지 효과를 내는 것이 문화현상이다. '통섭'(統攝)이라는 개념이 등장해 자연과학과 인문학을 연결하는 지식의 통합이 언급되고 있으며, 더 많은 분야에서 통합을 시도하고 있다. 이종교배가 시너지를 내고 창의성을 유발하는 측면이 있다.

음악의 종류에도 고전음악인 클래식이 있는가 하면 대중음악인 가요나 팝음악도 있다. 뒤섞는 퓨전의 경향이 음악에도 파급되어 있다. 내가 중·고등학교 시절 폴모리아 악단이라는 세미클래식을 주로 연주하는 악단이 있었다. 이것저것 가리지 않고 클래식 소품이나 모차르트 메들리, 영화음악 등을 연주하는 악단이었다. 우리나라에 오면 '돌아와요 부산항에' 같은 가요를 연주하고 민요도 연주하는 등 정말 별 걸 다 연주했던 기억이 난다. 그런데 정통 클래식을 하는 사람들은 그런 세미클래식을 클래식 음악으로 인정하지 않는다. 그런 태도가 옳은지 그른지를 논하기보다 그런 현상에 착안해서 우리의 믿음에 대해 생각해 볼 수 있다.

북이스라엘 왕국의 초대 왕 여로보암을 '세미 크리스천'이라고 말할 수 있다. 과연 이 절반 그리스도인은 그리스도인이라고 할 수 있을지 추적해보자. 그가 세운 금송아지를 일터신학의 관점으로 조명해보면 그가 추구한 정치적인 성공이 과연 바람직했는지 확인할 수 있다.


## 건축 현장 관리자,
## 북이스라엘의 건국 태조가 되다

여로보암은 건축 공사장의 인부로 사회생활을 시작한 과부의 아들이었다. 국가가 시행하는 공사에 이스라엘의 각 지파 사람들이 할당되어 참여했던 것 같은데, 아마도 여로보암은 그런 종류의 공사장에서 잔뼈가 굵었던 것으로 보인다. 솔로몬 왕이 건축 공사장에서 부지런한 청년 여로보암을 발탁해 요셉 족속의 일을 감독하게 했다. 여로보암을 가리켜 '큰 용사'라 했고 솔로몬 왕의 신임을 받았다(왕상 11:27-28). 요셉 족속은 '에브라임과 므낫세' 두 지파로 구성되어 있다. 요셉이 야곱의 장자로 상속을 받아 두 지파의 몫을 받았기 때문이다. 당시 솔로몬이 다스리던 이스라엘 전체의 관급공사에 열두 지파가 다 참여했을 테니 적어도 1/6의 공사를 관리하는 역할을 여로보암이 맡게 되었다. 더구나 유력한 에브라임 지파와 거주지가 넓은 므낫세 지파에 관한 책임을 지고 있었으니 여로보암은 솔로몬 왕국에서 중요한 역할을 했던 것을 알 수 있다.

감독관으로 승진할 무렵에 여로보암에게 이런 일이 있었다. 아히야 선지자가 길에서 여로보암을 만났는데 자기의 새 옷을 잡아 열두 조각으로 찢고 여로보암에게 "너는 열 조각을 가지라"고 했다. 솔로몬이 다스리는 이스라엘 왕국 중에서 열 지파를 주겠다는 하나님의 뜻을 전한 예언이었다(왕상 11:29-32). 예언대로 여로보암은 솔로몬이 죽은 후 등극한 로호보암 왕 때 쿠데타를 일으켜 북이스라엘을 세우고 왕이 되었다. 과부의 아들로 공사판을 전전하던 자가 일약 이스라엘의 열 지파를 거느린 나라의 왕이 되었다. 그는 국가의 기초를 다지기 위해 의욕적으로 왕궁 건축과 건설 사업을 전개해 나갔다. 세겜을 건축하여 수도로 삼았고, 부느엘이라는 도시도 건설하면서 국가의 기초를 다지기 위해 노력했다(왕상 12:25).

그러던 어느 날 복잡한 문제에 봉착했다. 율법이 규정한 절기가 다가왔을 때였다. 이스라엘 백성들 중에 국경을 넘어 남유다 왕국에 있는 예루살렘으로 순례를 떠나려는 사람들이 있었다. 신생국가의 지도자 여로보암 왕에게는 심각한 고민이었다. '절기 때에 내 백성이 유다의 예루살렘 성전에 제사하러 갈 때 그 마음이 변하면 어쩔 텐가? 르호보암 왕이 그들을 회유하거나 협박할 경우에 백성들이 어쩔 것인가? 결국 나를 죽이고 백성들이 남유다로 돌아가는 것은 아닐까?'

쿠데타로 정권을 잡은 자는 늘 자신에 대한 쿠데타를 걱정한다. 또한 정치적인 측면에서도 여로보암 왕의 고민은 충분히 이해된다. 하지만 여로보암이 한 가지는 잊어버리고 있었다. 전에 아히야 선지자가 여로보암에게 하나님의 말씀을 전했다. "네가 만일 내가 명령한 모든 일에 순종하고 내 길로 행하며 내 눈에 합당한 일을 하며 내 종 다윗이 행함 같이 내 율례와 명령을 지키면 내가 너와 함께 있어 내가 다윗을 위하여 세운 것같이 너를 위하여 견고한 집을 세우고 이스라엘을 네게 주리라"(왕상 11:38).

여로보암은 이 중요한 약속은 잊어버렸다. 밤잠도 못자면서 고민을 했고 각료회의도 여러 차례 하면서 여로보암은 계획을 세웠다(왕상 12:28). 논의와 숙고를 거쳐 내린 여로보암 왕의 결단은 어느 날 아침 북이스라엘 왕국의 조간신문 〈데일리 이스라엘〉의 1면 머리기사가 되었을 것 같다. "여로보암 왕, 남쪽과 독립된 주체적 종교 시스템 구상." 구체적인 후속기사는 이렇게 요약해볼 수 있다. 첫째, 금으로 송아지 형상을 두 개 만든다. 그래서 벧엘과 단에 설치하여 백성들이 제사하게 한다. 둘째, 새로운 종교 체제에 부합하는 종교인 수급 계획과 토착화된 절기 시스템을 구축한다.

치밀하게 계획하고 준비하여 나라를 바로 세우겠다는 여로보암 왕의 이 결정에는 과연 어떤 의도가 함축되어 있는가? 먼저 금송아지를 두 개 만드는 것에 대해 생각해보자. 물론 가장 바람직하게 백성들이 유다 왕국으로 가지 못하도록 하는 방법은 성전을 만들면 되었다. 그러나 예루살렘 성전이 없다면 모를까, 다른 성전을 만드는 것도 쉽지 않았고 건축 비용을 감당하기도 어려웠다. 누구보다도 여로보암은 르호보암 왕에게 민심이 떠난 이유를 잘 아는 사람이었다. 솔로몬 시대에 이스라엘은 최대의 영화를 누렸지만 그 영화는 많은 세금을 거두고 노역을 강제해서 이루어졌다. 그것을 백성들이 견디지 못했다. 그런 백성들에게 다시 성전을 짓기 위해 세금을 내고 노역을 하게 한다는 것은 무모한 일이었다.

그러면 성전 대신에 가장 효과적으로 백성들이 성전 순례의 신앙적인 욕구를 충족시켜 줄 것은 무엇인가 여로보암은 고민했다. 그래서 금송아지로 택했다. '금송아지'라고 하면 역사 속에서 떠오르는 장면이 있지 않은가? 과거 출애굽할 때 시내 산 아래서 이스라엘 백성들이 금송아지를 만들었다. 모세가 시내 산에 올라가서 십계명과 율법을 받을 때 산 아래에서 아론의 주도로 금송아지를 만들어 여호와의 절기에 춤을 추며 숭배했다.

그런데 놀라운 장면이 있다. 아론이 백성들의 손에서 금 고리를 받아 붓고 조각칼로 새겨 송아지 형상을 만들었는데 사람들이 이렇게 말했다. "이스라엘아 이는 너희를 애굽 땅에서 인도하여 낸 너희의 신이로다"(출 32:4). 금으로 송아지 형상을 만들어 놓고 그것을 하나님이라고 했다. 말이 되는 일인가?


## 교묘한 영특함으로 정열을
## 쏟아 부은 두 금송아지

바로 그런 역사적인 기록을 딛고 서서 여로보암은 금송아지 두 개를 만들어 놓고 백성들에게 이렇게 말했다. "너희가 다시는 예루살렘에 올라갈 것이 없도다. 이스라엘아 이는 너희를 애굽 땅에서 인도하여 올린 너희의 신들이라"(왕상 12:28). 똑같지 않은가! 금송아지를 하나님이라 부르고 있다. 애굽 땅에서 인도하여 이스라엘에 구원을 가져다주신 하나님이 바로 금송아지라니, 말이 되는가?

이스라엘 백성들이 이 금으로 송아지 형상을 만들어 놓고 그걸 하나님이라고 생각하는 이유가 뭔지 살펴봐야 한다. 출애굽 직후에 시내 산에서 만들었던 금송아지는 애굽과 관련되어 있는 부분이 많았다. 애굽인들이 섬겼던 신 중에 멤피스의 '아피스'(Apis) 황소가 있다. 또 헬리오폴리스의 '므네비스'(Mnevis) 황소가 있다. 다신교 사상을 가진 애굽 사람들은 여러 신을 섬겼는데 이렇게 소도 신으로 숭배했다. 또 이스라엘 백성들이 머물던 고센 땅과 가까운 곳인 나일 강 하구의 동부 델타 지역에도 황소를 섬기는 종파들이 있었다. 애굽에서는 황소와 송아지가 번식과 육체적인 힘의 상징이었다.

또한 이스라엘 백성들이 정착한 가나안 땅의 종교에서도 황소와 송아지는 토속신앙과 관계가 있었다. 바알 신과 하닷 신의 상징 동물이었다. 폭풍을 주관하고 다산을 상징하고 식물의 신이기도 했다. 가나안의 신들은 소나 송아지를 타고 나타난다고 묘사된다. 이렇게 여로보암은 하나님을 애굽의 소, 가나안의 소를 상징하는 신과 동일시하면서 사람들을 설득했다.

또한 여로보암은 애굽의 전통을 공부할 기회도 있었다. 과거에 여로보암은 솔로몬 왕이 죽이려고 위협할 때 애굽으로 망명했던 적이 있다(왕상 12:2). 더구나 애굽 왕 시삭에게 망명 요청을 하고 예우를 받으면서 지낸 것 같다. 궁궐에서 애굽 종교에 대해서도 상세하게 보고 배울 기회를 가졌다. 말하자면 여로보암은 '애굽 유학파'였고, 직접 보고 경험한 것이 더 익숙할 수밖에 없었다.

그런데 생각해봐야 할 점이 있다. 나라가 나뉘어서 국경선이 그어진 상황에서 남유다 왕국 예루살렘 성전을 순례할 정도로 믿음을 가진 북이스라엘 백성들이 금으로 송아지 형상을 만들어 놓고 그게 바로 하나님이니 성전이 있는 예루살렘까지 멀리 갈 것 없이 거기서 제사 지내라고 하면 수긍했을까? 열정을 가진 이스라엘 백성들의 신앙이 그렇게 나약하고 호락호락하지 않았을 것 같다. 여로보암은 여러 가지로 백성들을 설득했을 것이다.

특히 소의 형상을 선택한 여로보암 왕의 영특하고 교묘한 아이디어가 있었다. 솔로몬 왕이 성전을 만들 때 놋으로 큰 대접(놋바다)을 만드는 장면이 나온다. 거기에 직경이 4.5m에 높이가 2.25m인 놋대접을 만들면서 다리를 만드는데, 그 받침대로 소 열두 마리를 만들었다. 소의 머리를 밖으로 향하게 해서 동서남북 각 세 마리씩 총 열두 마리의 소 형상이 커다란 놋대접을 받치도록 했다(왕상 7:23-25). 여기에 바로 소의 형상이 등장한다. 성전에도 소의 모양이 존재했다면 소는 성전에서 제사드리던 백성들에게도 이미 친숙했다. 여로보암 왕이 이렇게 생각을 깊이 했다. 여러 사람의 자문을 받고 근거와 단서를 발견하여 무언가 만들어내는 지도자였다. 무식하지도 않았고 고집불통도 아니었다.

그렇다면 왜 금송아지를 두 개 만들었을까? 비용이 두 배나 들었을 것이고 하나가 아닌 두 개면 실용성은 있더라도 유일성과 희소성을 확보하기 힘들었다. 하긴 더 이상 성전으로 순례하지 않을 바에야 유일하다는 희소성과 독점성보다는 실용성이 더욱 큰 가치였다. 긴 시간을 들여 예루살렘 성전까지 순례할 필요가 없으니 두 개의 금송아지를 만들어 백성들의 노동력 낭비를 줄이려고 했다. 이런 실용성이 여로보암 왕에게는 지상과제였다. 그래서 금송아지를 두 개 만들어서 배치한 장소가 벧엘과 단이었다. 이 장소도 그저 편의상 결정한 것은 아니었다.

먼저 남쪽의 벧엘은 어떤 곳이었는가? 벧엘이라는 지명의 뜻 자체가 '하나님의 집'이다. 일찍이 이스라엘의 족장 야곱이 형 에서를 피해서 도망가다가 잠을 자면서 꿈에 하늘과 연결된 사다리를 보았다.

천사들이 사다리의 아래 위로 왔다 갔다 하는 가운데 사다리의 꼭대기에 계신 하나님이 언약의 말씀을 해주시던 유서 깊은 곳이 벧엘이었다(창 28:10-22). 바로 그곳에 금송아지를 세웠다.

또한 야곱이 나중에 고향으로 돌아올 때 하나님이 벧엘로 올라가서 제단을 쌓으라고 명령하셨다. 그래서 이방 신상과 금은 패물, 온갖 우상 숭배하던 물건을 다 땅에 묻고 벧엘로 올라갔다(창 35:1-4). 일종의 종교개혁을 했던 전통이 깃든 장소가 바로 벧엘이었다. 위치도 이스라엘 왕국의 남쪽에 있어서 좋았다. 예루살렘과는 한 20km쯤 떨어져 있었다. 예루살렘으로 가려는 북이스라엘 백성들을 붙잡아 두고 그곳에서 제사하게 하는 장소로도 적당하다고 보았다.

또 한 곳은 북쪽에 있던 단이었다. 이곳 단은 일찍이 사사 시대에 단 지파가 은으로 만든 신상을 두었던 곳이다. 당시에 성소는 실로에 있을 때도 이 신상을 단에 두고 백성들이 우상 숭배를 했던 과거의 역사를 참고했다(삿 18:27-31). 그런 종교적인 동기부여가 되는 곳, 일종의 영험함이 입증된 장소가 바로 단이었다.

이런 사실을 간파하고 여로보암은 단에도 금송아지를 세웠다. 이 지역은 이스라엘의 북쪽으로 북쪽 국경에 가깝다. 그러니 국토의 북쪽에 사는 백성들은 가까운 장소 단을 이용할 수 있었다. 도보로 하는 여행으로 성지 순례를 한 해에도 몇 차례씩 절기 때마다 하면 그것은 인력 낭비가 아니었겠는가? 이런 효율을 여로보암 왕이 생각했을 것으로 보인다. 여로보암은 이스라엘 백성들의 종교적인 정서와 역사도 고려해서 치밀하게 계획적인 행동을 했다. 그는 정치적인 감이 매우 뛰어난 정치가였다는 말이다.

또한 여로보암은 산당을 지어 당시 가나안 사람들이 섬기던 우상을 따라 숭배하게 했다. 레위 자손도 아닌 다른 지파 사람들로 제사장을 삼기도 했다. 이렇게 여로보암은 율법의 전통과 다른 길을 걸었다. 그래서 레위 지파 사람들은 더 이상 북이스라엘에 남아서는 먹고살 방법이 없어 유다 왕국으로 월남해버리고 말았다(대하 11:13-15).

절기도 율법에 기록된 7월 15일이 아니라 8월 15일에 지키게 했다. 북이스라엘 지역은 남유다와 달리 곡식의 수확기가 한 달 정도 늦었다고 한다. 그래서 율법과는 달리 농사 달력을 따라 맞춘 것일 수도 있고, 남유다와는 뭔가 좀 다르게 한다는 차별화 정책이었을 수도 있다. 아마도 우리만의 주체적인 무엇을 한다고 백성들을 호도했을 것이다.

어쨌든 이렇게 절기를 다르게 지키는 것도 말씀에 어긋났다. 그것은 모두 여로보암, 자기 마음대로 정했다. 그가 비록 이 모든 것을 하나님에 대한 주체적인 신앙의 방법과 제도라고 강변했겠지만 그 모든 것은 하나님의 뜻이 아닌 자신의 뜻에 따랐다. 하나님의 예언을 믿고 행동하여 그 예언대로 북이스라엘의 왕이 된 여로보암은 결국 국가의 기초를 확고히 세운다는 정치적인 목표를 달성하기 위해 이렇게 자신의 뜻대로 하나님 신앙을 망가뜨려 놓았다.

## 깊이 생각해도 안 되는 이유
## : 말씀을 벗어남

이스라엘의 여로보암 왕은 참 생각을 많이 한 사람이었다. 백성들을 잘살게 하려고 무진 애를 쓴 사람이다. 그러나 그 깊은 생각은 무의미했다. 왜 그런가? 전제가 잘못 되었기 때문이다. 말씀이라는 가장 중요한 기초를 놓쳤기에 결국 허물어질 수밖에 없는 사상누각이었다.

오늘 우리도 마찬가지다. 말씀에서 떠난 일이라면 아무리 노력하고 애써도 소용없는 일이다. 그런 일은 오히려 잘되는 것이 재앙이다. 노력하면 할수록 더욱 죄에 빠지게 된다. 여로보암 왕의 염려대로 제사장과 레위 지파 사람들이 월남할 때 북이스라엘 사람들 중 마음으로 하나님을 찾는 사람들이 함께 남유다 왕국으로 월남했다. 신앙을 따라 떠나는 백성들을 막을 수 없었다. 그래서 그들이 3년 동안 유다 왕국을 강성하게 했다고 역대기 기자는 기록한다(대하 11:16-17). 말씀을 떠나 잘못된 길로 갈 때 여로보암은 이렇게 하나님의 약속에서 벗어나 잘못된 길을 갈 수밖에 없었다.

그러나 하나님은 이렇게 말씀을 떠난 여로보암 왕을 그대로 놓아두지는 않으셨다. 하나님은 한 선지자를 여로보암 왕에게 보내셨다. 막가는 인생이었지만 아직도 하나님은 여로보암 왕이 돌아와 회개할 기회를 주셨다. 마침 왕이 벧엘의 제단에서 분향하고 있었다. 유다 왕국에서 벧엘까지 간 하나님의 선지자는 제단을 향하여 하나님이 주신 말씀을 외쳤다. "제단아 제단아 여호와께서 이와 같이 말씀하시기를 다윗의 집에 요시야라 이름하는 아들을 낳으리니 그가 네 위에 분향하는 산당 제사장을 네 위에서 제물로 바칠 것이요 또 사람의 뼈를 네 위에서 사르리라 하셨느니라 하고 그날에 그가 징조를 들어 이르되 이는 여호와께서 말씀하신 징조라 제단이 갈라지며 그 위에 있는 재가 쏟아지리라"(왕상 13:2-3).

그러자 왕이 선지자를 잡으라고 손을 뻗쳤다. 그때 왕의 손이 말라버려 꼼짝 못하게 되었다. 이때 왕이 이렇게 소리쳤다. "너는 나를 위하여 네 하나님 여호와께 은혜를 구하여 내 손이 다시 성하게 기도하라"(왕상 13:6). 금송아지를 만들어서 온 이스라엘 백성들을 파멸의 길로 그릇가게 하면서도 여로보암은 조금도 가슴 아프게 생각하지 않았다. 그런데 자기 육신에 아픔이 오니 즉각 그 고통을 호소했다. 하나님이 우리에게도 우리의 잘못을 경고하실 때가 있다. 그때 우리는 그 경고를 통해 우리의 죄를 깨달아야 한다. 그때 깨닫지 못하면 더 무서운 결과에 이르게 된다.

여로보암 왕에게 예언했던 그 하나님의 사람은 하나님의 말씀을 따라 잘 예언하고서 왕이 대접하려고 하는 것도 사양하고 왔던 길이 아닌 다른 길로 가고 있었다. 그것은 바로 하나님이 그 선지자에게 시킨 일이었다. 가고 오는 길에 음식과 물을 먹지 말라고 하셨다. 그런데 유다 땅으로 돌아가던 중 벧엘에 사는 한 늙은 선지자 한 사람이 그에게 와서 자기에게도 하나님의 예언이 임했다고 하면서 그 사람을 데려갔다. 그리고 음식을 주고 그것을 먹게 했다. 그것이 유다에서 온 선지자의 치명적인 실수였다. 악한 영을 분별하지 못하고 미혹되었다. 벧엘에 살던 그 늙은 선지자는 악한 영이 시켜서 하나님의 사람을 미혹했다. 결국 유다에서 온 선지자는 하나님의 벌을 받아 죽고 만다. 길에서 사자가 나타나 이 하나님의 사람을 찢어죽이고 말았다.

그런데 여기서 우리가 이 하나님의 사람에 대해 생각해봐야 한다. 이 하나님의 사람의 출현은 여로보암을 겨냥한 것이었다. 이 하나님의 사람이라고 묘사되는 선지자는 어땠는가? 처음에는 하나님의 명령을 잘 지켰다. 그러나 끝까지 지키지는 않았다. 한 번은 지켰으나 다음번에는 말씀을 어겼다. 이 선지자는 바로 여로보암 왕의 모습이었다. 그가 하나님의 말씀에 따라 산다면서 많은 고민과 생각을 했지만 결국 그는 하나님의 명령을 지키지 않았다. 그렇게 절반쯤만 하나님의 말씀을 따르는 사람의 최후가 무엇인가? 그 선지자의 죽음을 통해 하나님은 여로보암이 깨닫기를 원하셨다.

하지만 여로보암은 자신에게 깨달음을 주시기 위해 하나님이 선지자 두 사람을 통해 마련하신 가르침을 보기 좋게 거절했다. 단이 갈라지는 이적을 베푸시고, 여로보암의 손을 마르게 했다가 고쳐주는 이적도 하나님이 베푸셨다. 책망도 하시고, 또 한 선지자의 안타까운 죽음을 통해서도 강력한 메시지를 주셨지만 여로보암 왕은 깨닫지 못했다. 그래서 여로보암의 집안은 지면에서 끊어져 멸망하게 되었다.

기회를 주어도 죄를 깨닫지 못하는 사람에게는 하나님의 진노와 심판이 있게 마련이다. 얼마나 안타까운가? 말씀을 제대로 지켰다면 다윗 왕에게 주셨던 언약과 같이 견고한 이스라엘 왕국을 세울 수 있었는데 이런 파멸을 자초했다. 하나님의 말씀에 순종하고, 하나님의 길로 가며, 하나님의 눈에 합당한 일을 하면 되었는데 그러지 못했기 때문이다(왕상 11:38).

이런 원리는 오늘 우리에게도 동일하게 적용된다. 여로보암의 죄의 원인은 무엇인가? 그는 하나님을 믿는다고 하면서도 하나님이라는 허울 좋은 뼈대에 자기 생각에서 나온 여러 가지 살을 붙였다. 혼합주의 신앙을 가진 것이 문제였다. 하나님을 믿는 것 같았으나 믿지 않았다. 열심히 생활하는 것과는 별개이다. 여로보암도 자기의 정권을 유지하기 위해 심사숙고해서 일했고, 절대 경솔하지도 않았다. 노심초사했다. 그렇지만 그렇게 열심이 있었다고 해도 말씀을 떠난 그의 죄가 용납되는 것은 아니다. 오늘 한국교회 성도 중에 '여로보암 증후군'이라고 말할 수 있을 만큼 이런 왜곡된 신앙이 만연하고 있다면 너무 과한 표현일까?

여로보암은 이스라엘 왕국을 성공적으로 통치해야 한다는 생각으로 밤잠을 설치며 고민했던 사람이다. 하지만 하나님의 말씀을 떠나서는 성공이 의미 없다는 사실을 무시했다. 이런 여로보암 신드롬에 빠지지 않기 위해 우리는 어떻게 해야 하는가? 한마디로 정리해본다면 어렵고 힘든 일터환경, 복잡하고 답답한 내 현실이 하나님의 말씀을 앞서지 않도록 해야 한다. 너무 진부한 해답인가? 하지만 진부해도 정답은 정답이다. 성공의 욕구가 하나님의 말씀을 넘어가지 않으면 여로보암 같은 '절반 그리스도인'은 되지 않는다. 말씀의 튼튼한 기초가 중요하다. 클래식 음악가들은 세미클래식은 클래식이 아니라고 생각하듯이 '세미 크리스천'은 크리스천이 아니다. 절반 그리스도인은 두 사람이 모인다고 한 사람의 그리스도인이 되는 것이 아니다. 백 명이 있어도 한 명의 그리스도인이 될 수 없다.

구원받은 우리는 말씀에 기초하여 인생의 토대를 세우고 하나님이 기뻐하시는 성공을 추구하는 '리얼 크리스천'이어야 한다. 에베소 교회 성도들을 향한 예수님의 말씀을 기억하면서 우리의 모습을 돌아보자. "내가 네 행위를 아노니 네가 차지도 아니하고 뜨겁지도 아니하도다. 네가 차든지 뜨겁든지 하기를 원하노라. 네가 이같이 미지근하여 뜨겁지도 아니하고 차지도 아니하니 내 입에서 너를 토하여 버리리라"(계 3:15-16).

## 15

# 가룟 유다의 돈궤

소설이나 연극, 영화 등 예술분야에서 예수님을 판 제자 가룟 유다에
대한 상상력을 발휘하는 작품이 여럿 있다. 〈유다복음서〉라는 영지주
의 문서는 유다의 예수 배반이 예수가 인류 구원이라는 지상과업을 완
성하기 위해 유다와 미리 모의한 것이라고 말하면서 생각할 만한 가치
도 없는 상상을 하고 있다. 유다라는 인물에 대한 작가들의 가장 인기
있는 상상은 '혁명의 투사'로 그려내는 것이다. 우선 '유다'라는 이름
자체가 그렇다. 유다는 야곱의 열두 아들 중 하나로 유다 지파는 메시
아가 태어나는 지파였다. 또 가룟 유다가 활동하기 2백여 년 전에 유
다스 마카베우스라는 영웅이 나타나서 외국 군대를 통쾌하게 무찌른
적이 있다.

고등학교 3학년을 시작한 봄날에 등하교 버스 안에서 읽기 시작해 결국 책상 밑에 두고 다 읽은 소설이 기억난다. 삼중당문고라고 해서 크기도 손바닥 안에 들어와 숨기기도 좋았던 책이다. 김동리의 소설 「사반의 십자가」였는데 역시 가룟 유다를 혁명의 투사로 상상한다. 예수님과 함께 십자가에 달려 처형받으면서 예수님을 저주하고 죽은 강도가 사반이라는 인물이다. 혁명으로 유다 왕국의 회복을 꿈꾸는 자객단의 두목인데 도마와 유다를 예수님의 제자로 파송했다고 설정한다. 유다가 예수님의 제자들 중에서 교육을 받은 사람이었고, 이스라엘의 급진적 혁명을 위해 애썼던 사람이라고 묘사한다.

그러나 예술적인 상상력도 좋지만 성경에서 분명하게 알려주고 있는 사실에 우리는 더욱 권위를 두어야 한다. 유다가 어떤 사람이었는지 성경의 목격자 진술을 확인하면서 유다라는 인물에 대해 살펴볼 수 있다. 유다의 인생을 잘 표현해주는 사물은 바로 '돈궤'이다. 예수님의 제자 공동체 재정출납을 담당했던 가룟 유다의 돈궤를 일터신학의 관점으로 살펴보자.


## 목격자 요한, 유다를
## '도둑'이라고 증언하다

초기 교회의 상황을 나름대로 상상해보면 마태 · 마

가 · 누가복음이 기록되어 사람들에게 읽히면서 당시 사람들이 유다에 대해서 여러 방면으로 평가했던 것 같다. 공관복음이 유다는 이런 이유로 예수님을 팔았다고 확실하게 기록하지 않기 때문이다. 사람들이 당연히 가질 수 있는 궁금증에 대한 답을 공관복음서보다 20년 쯤 후에 복음서를 기록한 요한이 명쾌하게 풀어주고 있다. 한마디로 요한은 유다를 평가하고 있다. "그는 도둑이라. 돈궤를 맡고 거기 넣는 것을 훔쳐 감이러라"(요 12:6).

사도 요한은 유다가 '도둑놈'으로 밝혀진 과정과 더불어 그 결과를 소상하게 보여주고 있다. 예수님의 죽음이 임박했을 때 있었던 일이다. 나사로의 집에서 마리아가 옥합을 깨뜨리고 예수님의 발에 향유를 부은 후 머리털로 닦는 일이 있었다. 옥합에 담긴 나드 향유 한 근은 노동자 한 사람의 1년 연봉에 해당하는 가치를 가지고 있었다. 그때 유다가 이렇게 말했다. "이 향유를 어찌하여 삼백 데나리온에 팔아 가난한 자들에게 주지 아니하였느냐"(요 12:5).

그런데 이 말은 새빨간 거짓말이었다. 만약 마리아가 향유 옥합을 깨뜨리지 않고 헌물을 했다면 그 향유를 팔면서 돈을 좀 빼가고 싶었는데 그런 기회를 놓쳐 무척 아쉬워했다고 요한은 말한다. 그러니 요한은 당시에도 사람들이 상상력을 발휘해서 가룟 유다를 미화하는 왜곡을 막고, 사실은 유다가 다른 꿍꿍이가 있었다는 점을 증언했다.

유다의 의도에 대해서 또 한 가지 확인할 수 있는 증언이 있다. 마태복음을 보면 유다가 대제사장에게 가서 자기의 선생인 예수님을 파는 장면이 나온다. 이때 예수를 넘겨주려는 유다의 관심이 어디에 있었는지 주의 깊게 살펴봐야 한다. "내가 예수를 너희에게 넘겨주리니 얼마나 주려느냐"(마 26:15). 유다는 예수님을 유대교 당국자에게 팔면서도 적극적으로 돈 문제를 앞세우며 흥정했다.

그래서 유다는 은 삼십을 받았다. 유다는 고작 은 삼십에 스승이요 온 세상을 구원할 구세주이신 예수 그리스도를 팔아 넘겼다. 이 사람은 '돈'에 관심을 가졌던 사람이다. 그런데 은 삼십이 얼마나 되는 돈일까? 왜 예수님을 은 삼십에 팔았을까 생각해보았는가? 그저 수배자에 대한 현상금이라고 생각할 수 있는데 구약 율법에 근거가 있다. "소가 만일 남종이나 여종을 받으면 소 임자가 은 삼십 세겔을 그의 상전에게 줄 것이요 소는 돌로 쳐서 죽일지니라"(출 21:32). 율법 규정에는 소에 받혀 죽는 사고를 당한 노예에 대한 보상금이 은 30세겔이었다. 그러니 유다가 예수님을 팔고 받은 돈은 노예의 몸값이었다고 볼 수 있다.

언젠가 설교를 듣는 중에 요셉은 은 이십에 팔렸는데 그래도 예수님은 조금 더 비싸게 팔렸다고 농담처럼 하는 말을 들었다. 조금 더 나간다면 예수님을 팔더라도 좀 비싸게 받고 팔아야지 어떻게 노예의 몸값을 받고 팔아버린단 말인가? 예수님에 대한 심각한 모독이 아닐 수 없었다.

유다는 계산이 밝고 똑똑했으니 예수님이 그에게 공동체의 재정 출납 역할을 맡겼을 것으로 보인다. 더구나 마태라고 하는 세리 출신의 제자가 있었는데도 예수님은 유다를 선택하셨다. 아마도 유다의 재능을 보시고 예수님이 맡긴 역할이라면 유다의 능력이 기회를 가져다주었다. 다른 제자들은 모두 소외된 변두리 지역인 갈릴리 출신인데 유다만 팔레스타인의 중심지인 유대 지방 출신이었던 점도 그 사실을 설명해준다. 그런데 유다의 재능과 기회가 오히려 그의 인생의 올무가 되었다.

## 도둑 유다의
## 빗나간 성실

틀림없이 열두 명의 제자 중에서 유다가 돈에 대해 가장 많은 생각을 했을 것이다. 어떤 심리학자가 말하기를 일하는 성인은 하루 동안 하는 생각의 3분의 2쯤이 돈에 관한 생각이라고 한다. 특히 일하는 사람은 생각의 많은 부분이 돈과 관련되어 있을 수밖에 없다. 가룟 유다도 아마 다른 제자들보다 돈에 대해 더 많이 생각했을 것 같다. 유다는 돈을 직접 다루었고, 그러다 보니 돈에 대해 많이 생각할 수밖에 없었다. 그래서 공적인 돈을 자기 돈처럼 쓰게 되었고, 그걸 감추기 위해서 돈이 더 많이 필요했을 것 같다. 돈궤에 넣을 돈을 빼돌리고 빼내 쓰다 보니 돈궤에 난 구멍을 메우기가 쉽지 않았다. 그래서 모자라는 돈을 채워 넣기 위해 노력했을 것 같다.

예수님에게 향유를 부은 마리아에 대해 유다가 그렇게 안타까워한 이유가 있다. 그간 구멍 난 재정을 메울 수 있는 절호의 기회를 놓쳤기 때문은 아니었을까? 한 번에 그동안 누적되어 온 재정의 결손을 원상 복구하는 기회를 놓쳤기에 그렇게도 아쉬워했을 것으로 보인다. 그러자 유다는 이제 자기 스승을 유대교 당국에 넘겨주어 판다는 말도 안 되는 쇼에 농락당하면서 겨우 은 30을 받았다. 얼마 전에 놓친 300데나리온보다는 작지만 그래도 유다는 아쉬운 대로 자기가 축낸 재정을 메우는 데 보탬이 될 거라고 생각했다.

유다가 관리하던 돈궤의 상황을 우리가 상상해볼 때 유다는 자기가 돈을 빼내 다른 일에 쓰는 부정을 저질렀지만 그 구멍 낸 재정을 메우기 위해 철저히 노력했다. 자기가 꺼내어 쓴 돈 궤를 메우려는 집착으로 결국 스승을 돈 몇 푼에 팔고 말았다면 그것은 '빗나간 성실'이라고 말할 수 있을까? 자신이 맡은 일을 제대로 잘 못했는데, 또한 그 일을 제대로 하려고 노력했다. 우리도 생활하다 보면 이런 이중적인 잣대로 자신의 일을 하거나 자신의 삶을 설계하는 경우가 있다. 그러다 보면 내가 예상한 것과 다른 결과가 빚어지고 모순되고 조화롭지 못한 상황을 경험하게 된다. 잘못된 방법으로 목표를 추구하는 어리석은 성공 욕구이다. 유다의 태도는 자가당착도 아니고 현실적이고 구조적인 모순도 아니다. 회개해야 할 죄일 뿐이었다. 우리도 자신을 돌아보고 유다의 이런 이중성과 같은 부분을 찾아내어 회개할 수 있어야 한다.

유다의 빗나간 성실에 대한 또 다른 증거를 찾을 수 있다. 나중에 예수님을 판 자신의 잘못을 깨닫고서 유다는 어떻게 하는가? 자신의 성실함을 입증이라도 하듯이 잘못을 뉘우친다. 그런데 유다는 회개하여 돌이킨 것이 아니고 스스로 목숨을 끊었다. 그의 성실함과 정직함과 철저함이 그의 심장을 그대로 뛰도록 용납하지 않았던 것일까? 유다는 뒤늦게 후회하고서 자기가 받았던 은 30을 대제사장에게 가지고 가서 돌려준다. 그때 대제사장에게 "무죄한 피를 팔고 죄를 범한 것은 네가 당하라"는 말을 들었다. 그 말을 듣고는 자기가 받은 돈을 성소에 던져 넣고 자살하고 말았다(마 27:3-5). 일 처리 관점으로 보면 얼마나 철저한가? 얼마나 성실한가? 자기 일은 자신이 끝까지 책임지는 자세이다. 책임감이 대단했다.

그러나 유다가 그렇게 함으로 자기의 죄에 대한 책임을 벗을 수 있는 것은 아니었다. 그리스도를 배신하고 포기한 죄를 씻을 수 없었다. 그는 자기 목숨을 끊을 수는 있었다. 그러나 죄가 그 일로 인해 자기 곁을 떠나지 않았다는 사실에 유다의 불행이 있다. 유다가 세상을 떠날 수는 있었지만 그의 불경한 행동은 지금까지도 그리스도인과 세상 사람들에게 회자되고 있다. 이것이 비극이었다. 오늘뿐만 아니라 영원히 유다의 이름은 잊히지 않을 것이다. 성실한 척, 정직한 척 위선을 떨면서 예수를 팔고 자살한 자 유다, 그 이름 유다!

# 당신도 인생의 '돈궤'에
## 대해 성실한가?

　　그렇다면 예수님을 결정적으로 부인했던 베드로와 유다의 차이는 무엇인가? 유다 역시 베드로처럼 후회했고 자기의 잘못을 돌이키고 싶었다. 그러나 유다는 베드로처럼 회개하지 못했다. 돌이킬 기회가 있었는데도 회개하지 못했다. 어떤 기회였을까?

　　유월절 만찬 자리였다. "누가 예수님을 파는 자냐?"라는 입에 올리기 힘든 질문이 유월절 만찬장을 불안하게 휘감았다. 요한의 질문을 받은 예수님이 떡 한 조각을 적셔다 주는 자가 그 사람이라고 말씀하셨다. 그리고 곧 떡 한 조각을 초에 찍어 가룟 유다에게 주셨다. 그 떡 조각을 받은 후 곧 사탄이 그 속에 들어갔다고 요한은 기록한다. 이때 예수님이 유다에게 말씀하셨다. "네가 하는 일을 속히 하라"(요 13:27).

　　바로 이때 유다는 뜨끔했어야 한다. 예수님의 최후 경고였기 때문이다. 회개할 수 있는 마지막 기회를 예수님이 주셨다. 요한은 이때 제자들 중 몇 사람은 유다가 책임지고 있는 돈궤와 연관된 생각을 했다고 말한다. 명절에 구제하는 일을 하라고 예수님이 재정출납담당자 유다에게 지시하신 줄 알았다. 그렇게 둘러대고 넘겨짚으며 두루뭉술하게 넘어갈 수 있으니 유다는 회개의 기회를 놓쳤던 것일까? 이 안타까움을 어쩌는가? 유다가 유월절 만찬장을 빠져나왔을 때는 밤이었다고 한다. 그 깜깜한 밤 속에, 짙은 어둠 안으로 유다는 자신을 숨겼다. 이제 한밤중의 겟세마네 동산, 사람이 많이 모여 있지 않아서 군중의 방해를 받지 않고 예수님을 체포할 수 있는 곳으로 체포조를 보내면 되었다. 그리고 거기에 가서 유다는 직접 예수가 누군지 확인하고 가증한 입맞춤으로 스승을 팔 예정이었다.

이런 유다의 행동은 변명의 여지가 없다. 어떤 동정도 받기 힘들다. "이야~ 참 불쌍하다! 누군가 예수님을 배신해야 예언된 말씀을 이루는 것인데 유다가 했다!"는 억지는 통하지 않는다. 이런 동정을 하면 안 된다. 왜 그런가? 유다는 열두 사도 중의 하나였다. 예수님을 특별히 따르던 사람이었다. 주님의 능력을 유다는 다 보았다. 주님의 부드러운 음성도 들었다. 예수님과 인격적으로 교류가 충분했다. 예수님의 놀라운 설교를 직접 들었지 않았는가? 사두개인과 바리새인들이 하는 식상한 설교가 아니라 사람이 놀라는 하나님의 아들 예수님 말씀의 능력을 직접 보았다. 위대한 치유사역을 지켜보았다. 사람의 몸을 회복시키고 영혼을 치유하며 죽은 사람을 살리시는 하나님의 아들을 유다는 두 눈으로 다 보았다. 굶주린 백성들을 먹이는 그분의 긍휼과 자비의 능력을 보았다. 그런 하나님의 아들, 세상의 구원자를 유다는 팔아먹었다는 말이다. 어떤 동정을 받을 수 있겠는가?

그런데 사실 유다가 왜 예수님을 배반했는가에 대해서 복음서가 명확하게 제시하고 있지는 않다. 우리가 상상하고 추정해보아야 한다. 소설 「사반의 십자가」에서는 예수님이 체포되는 순간에 이적을 베풀어서 메시아 됨을 드러낼 것을 유다가 기대했다고 상상한다. 그 때까지는 숨어계셨지만 예수님은 결정적인 순간에 정치적인 메시아의 정체를 드러내지 않을까 추정했기 때문에 유다가 예수님을 팔았다고 본다. 설령 그것이 사실이라 해도 고난받고 죽임당해야 한다고 여러 차례 밝히신 예수님의 말씀을 믿지 않았기 때문에 유다가 착각한 것이다.

하지만 성경의 목격자 증언은 그와 다르다. 요한의 증언에 따르면 예수님이 마리아의 향유 부은 일을 평가하시는 말씀이 나온다. "그를 가만 두어 나의 장례할 날을 위하여 그것을 간직하게 하라. 가난한 자들은 항상 너희와 함께 있거니와 나는 항상 있지 아니하리라"(요 12:7-8). 가난한 자를 돕는 일은 이 세상 사람들도 자주 내세우는 보편적인 가치기준이다. 그러나 유다에게 있어서 그것은 자신의 탐욕을 채우기 위해 내세운 허울이자 명분이었다. 그러니 예수님이 그 가난한 자들보다 자신이 우선한다고 하신 말씀은 유다의 정곡을 콕 찔렀다. 유다는 예수님이 그렇게 말씀하실 줄은 전혀 기대하지 못했다. 오병이어 이적을 베푸셨을 때 배불리 먹고 남은 떡과 생선을 버리지 말고 모으라 하셨던 분이다. 그렇게 모은 음식이 열두 바구니가 되었다. 그런데 300데나리온이라는 거금, 수천만 원의 낭비를 옹호하시다니!

예수님은 유다의 탐욕, 구체적으로 유다의 돈 욕심을 지적하셨다.

물론 죽음 후의 장사할 일을 위해 향유를 안 부어도 예수님에게 문제되는 점은 없었다. 가난한 자들을 핑계대고 있지만 유다의 마음속에 있는 탐욕이 문제였다. 예수님은 돈궤에만 관심을 두는 인생을 지적하고 싶으셨다. 오늘 우리는 어떤가? 자신의 욕심을 채우기 위한 핑계거리로 그리스도를 '거룩하게' 이용하고 있지는 않은가? 그리스도 대신에 내 욕심거리를 우리만의 '돈궤' 속에 꽁꽁 감추고 그럴듯한 핑계거리를 내세우고 있지는 않은가? 유다의 돈궤를 보면서 잘못 설정한 인생의 목표와 성공의 욕구를 우리도 확인해야 한다.

1960년대 영국 TV 드라마에 〈유다의 얼굴〉이라는 작품이 있었다고 한다. 한 영화 제작자가 가롯 유다의 역할을 할 모델을 찾아다니는 이야기가 드라마의 줄거리이다. 그런데 영화 제작자는 결국 유다의 배역을 맡을 배우를 못 찾았다. 마지막 회에서 이렇게 끝맺는다. 주인공이 청중들을 갑자기 쳐다보면서 외친다. "당신이 바로 그 유다가 될 수 있습니다!" 그리스도 대신에 무엇인가 다른 것을 우선적으로 추구하면서도 성실하게 인생을 사는 척한다면 우리도 누구나 유다가 될 가능성이 있다.

유다의 이름은 바로 이스라엘 민족의 이름이다. 유다 왕국의 이름과 같다. 유다 백성들, 유대인들이 결국 예수님을 배척하고 죽였다. 유다의 이름에 담긴 이 상징을 우리가 이해하면서 경각심을 가져야 한다. 예수님의 고난과 죽음을 묵상하면서 우리는 돈에 욕심 부려서 인생을 애물단지로 만들고 있지는 않은지 돌아볼 수 있어야 한다. 가롯 유다의 돈궤에 집착한 탐욕, 왜곡된 성실을 보면서 우리의 거울로 삼아야 한다. 마틴 루터가 말했다. "당신의 돈지갑이 회개해야 진정한 회개이다." 당신은 진정으로 회개했는가?

# 16

# 이스라엘 백성들의
# 만나와 메추라기

고등학교 1학년 때 경기도 가평 대성리에서 2박 3일 간 열린 학교 수련회 프로그램에 참석했던 적이 있다. 첫날 버스에서 내리자마자 심각하게 군기를 잡고 이리저리 굴리며 매우 힘들고 고된 훈련을 시켰다. 당시에는 고등학생의 학과과목에도 '교련'이라는 과목이 있어서 군사훈련을 했다. 오후 훈련을 다 마치고 저녁밥을 주는데 식판에 담아주는 밥이 너무 적었다. 나만 그런 것이 아니라 다 그랬다. 밥을 더 달라고 해서 받아온 친구의 밥도 부족한 양이었다. 덩치 큰 아이들도 밥을 너무 적게 주었다. 서너 번 떠먹으니 식판 바닥이 다 드러났다. 그렇게 게 눈 감추듯 밥을 먹어 치운 우리는 건물 앞으로 흐르는 시냇가에 줄지어 앉았다. 그리고 지휘부 쪽을 향해서 이렇게 외쳤다. "밥 줘! 밥 줘, 밥 많이 줘! 배고파서 못 살겠다. 밥 줘, 밥 줘. 밥 좀 많이 줘."

누가 시작했는지 모르겠지만 우리 모두는 목 놓아 외치고 있었다. 당시가 1980년 봄이라서 5.18 광주민주화운동 등과 연관해서 긴장감이 감도는 시국이었다. 선생님들이 뛰어나오고 군복 입은 교련 선생님도 곤봉을 들어 우리를 향해 가리켰다. 우리는 흩어졌다! 그런데 시위의 효과는 만점이었다. 그다음 날 아침식사부터 다 못 먹을 만큼 밥을 많이 주었다.

이후에 군대에서도 늘 그렇지는 않았지만 배고팠던 기억이 있다. 단체생활을 하며 외로움으로 인한 스트레스의 출구가 바로 먹는 일이다. 누구나 객지생활을 해보았으면 배고픈 심정을 안다. 먹는 것이 사람에게 참 중요함을 실감한다. 예수님이 광야에서 시험받으실 때도 가장 먼저 먹는 문제를 시험받으셨지 않은가! 이 중요한 먹을거리의 문제를 민수기 11장에 나오는 '기브롯 핫다아와' 사건을 통해 생각해보자. 이스라엘 백성들이 광야에서 먹었던 '만나와 메추라기'를 일터신학의 관점으로 살펴보자.


## "만나만 먹고 못 살겠소!
## 고기를 주시오!"

　　　　이스라엘 백성들이 겪었던 '고기 사건'은 메추라기

를 먹기 이전에 먹었던 '만나'라는 기본 음식이 전제되어 있다. 하나
님이 광야생활을 하는 이스라엘 백성들에게 주신 은혜의 음식이 만나
였다. 이 만나를 먼저 생각해봐야 한다. 「성경 이미지 사전」의 '만나'
항목에서는 출애굽기 16장과 민수기 11장을 중심으로 오감(五感)을
통해 만나를 표현한다(렐란드 라이켄 외 편집, (서울: CLC, 2001), 446쪽). 한 번
상상력을 발휘해보자.

먼저 시각적으로 만나는 어떤 모습이었을까? 아침에 이슬이 마른
후 광야 지면에 작고 둥글며 서리같이 가는 만나가 있었다. 깟씨와 같
다고 했는데 깟씨의 색깔은 흰색이다. 햇볕이 뜨겁게 쬐면 그것이 스
러졌다. 만나는 이런 시각적 모습을 지니고 있었다.

맛으로 본 만나는 어땠을까? 만나의 맛은 꿀 섞은 과자 같았다고
한다. 또한 조리해서 만들어 놓으면 기름 섞은 과자 맛 같았다고 표현
한다. 우리 전통 과자인 약과가 떠오르지 않는가? 오래 전부터 나온
과자인 '꿀꽈배기' 맛과도 비슷할 것 같다. 성경이 알려주는 정보를
자세히 살피며 생각해보면 만나의 맛에 대해서 우리 혀가 상상하게
된다.

다음으로 후각적으로 만나는 어땠을까? 신선한 만나의 냄새가 어
땠는지 기록된 부분은 없다. 그런데 이 만나를 다음 날 아침까지 두면
벌레가 생기고 냄새가 났다. 썩은 곡식은 시큼하고 쉰내가 난다. 바로
그런 냄새를 이스라엘 백성들은 맡아보았다.

촉각으로는 만나가 어떻게 느껴졌을까? 민수기 11장에 보면 만나

는 깟씨와 같고 모양은 진주와 같다고 한다. 깟씨는 고수풀인데 그 열매의 크기는 5mm 정도로 통통한 약간 길쭉한 원형이다. 진주와 같다고 하니 동그란 모양인 것은 틀림없다. 그것을 거두어서 맷돌에 갈고 절구에 찧기도 하며 가마에 삶기도 했다. 이런 정도의 설명이 우리가 느낄 수 있는 만나의 촉각이다. 동그란 씨앗 같은 모양이었다.

이렇게 우리가 네 가지의 감각으로 만나를 살펴보았는데 오감에서 하나 빠진 것이 있지 않은가? 바로 청각이다. 여기서 우리가 '고기' 이야기로 넘어갈 수 있다. 만나에서 어떤 소리가 들렸을까? 맷돌에 갈거나 절구질을 하면 곡식 갈고 찧는 소리가 들렸을 것이다. 만나가 새벽마다 하늘에서 내리면서 우박 떨어지듯 소리를 냈을까? 하나님이 40년 동안 광야에서 백성들의 새벽잠을 그렇게 깨우셨을 것 같지는 않다. 오감으로 생각해보는 만나의 청각은 과연 무엇일까? 앞에서 밥을 적게 주어, "밥 줘, 밥 줘, 밥 많이 줘!"라고 외쳤다는 나의 데모 소리와 비슷한 소리가 만나에서 났다.

"이제 이 만나 외에는 보이는 것이 아무 것도 없소. 누가 우리에게 고기를 주어 먹게 할꼬? 우리가 애굽에 있을 때는 그래도 배급받는 생선과 오이와 참외와 부추와 파와 마늘도 먹었는데 우리가 맨날 만나만 먹으니 이제 지쳤소. 기력이 딸립니다. 고기를 주시오. 고기 줘, 고기 줘, 고기 좀 줘!"(민 11:4-6 참조).

이 장면이 사실은 심각했다. 이 광경을 이렇게 표현한다. "백성의 온 종족들이 각기 자기 장막 문에서"(민 11:10) 울었다고 한다. 온 가족이, 어른이나 아이나 다 모여 소리치고 있었다. 얼마나 서럽고 억울했는지 울면서 소리쳤다. "고기 줘! 고기 줘! 고기가 아니면 죽음을 주시오!"

좀 동정이 가지 않는가? 설탕과 밀가루를 기름에 튀긴 것 같은 맛을 가진 만나를 하루 이틀만 먹는 것이 아니고 일주일 내내, 한 달 내내, 앞으로도 40년간 계속해서 매일 먹어야 하니 말이다. 가만히 들어보면 이스라엘 백성들의 상황에 동정이 가기도 한다. 그렇지 않은가? 직장인들이 점심식사를 할 때도 구내식당의 밥을 먹는 경우도 있지만 근처 식당에서 먹는 경우 매일 백반만 먹지는 않는다. 냉면, 칼국수, 만두, 돈까스, 순대국, 뼈해장국 등 먹고 싶은 것을 골라 먹는다는 말이다. 보통 직장인들은 한 식당을 일주일 내내 매일 가지는 않는다. 지금 우리는 이렇게 먹으면 되는데 광야의 이스라엘 백성들은 그럴 수도 없었다.

그렇게 우리 입장에서 그들에게 공감을 할 수는 있는데 우리가 그냥 넘어가서는 안 되는 점도 있다. 이때가 이스라엘이 광야생활을 시작한 지 얼마 되지 않았다는 사실을 기억해야 한다. 그들이 '만나'라는 '기적의 음식'을 처음 봤을 때 느꼈을 감격을 한번 상상해보라. 밤 사이에 이슬과 함께 하얗게 지면에 내렸다가 해가 나면 사라지는 신기한 만나, 생전 처음 보는 그 음식을 보고 먹으면서 하나님의 은혜와 사랑을 얼마나 찬양했겠는가? 그런데 지금 이 모양이다. "이 만나 말고는 보이는 것이 아무것도 없도다!" "이것만 먹고는 이제 못살겠다!

우리 입맛을 만족시켜 달라!"

사실 우리도 이런 격세지감의 경험이 있을 것 같다. 시대를 비교해봐도 우리 부모님이나 선배들은 방 한 칸에 부엌 한 칸인 집에서 겨우 거친 곡식을 끓여서 김치 한보시기와 간장 한 종지를 반찬 삼아 넘기면서도 감사할 줄 아는 사람들이었다. 하지만 우리는 어떤가? 아직 먹는 문제도 해결하지 못하는 힘든 삶을 사는 사람도 꽤 있지만 그래도 많은 사람이 이제 먹는 것을 그리 걱정하지 않고 사는 시대가 되었다. 그런데도 우리는 아파트 평수에 별로 만족하지 않는다. 늘 조금 더, 조금 더, 위를 추구하는 목표가 있지 않은가? 더 좋은 환경을 위한 기도 제목이 늘 있지 않은가 말이다.

우리 개인을 비교해봐도 예전의 우리 모습과 오늘 우리가 사는 모습이 다름을 느낄 수 있다. 직장에 취직을 해서 처음 월급을 받았을 때 느꼈던 기분을 상상해보라. 시간이 지나면서 월급 액수는 점점 많아졌지만 늘 일한 것보다 덜 받아서 손해보는 것 같은 기분이 드는 것은 어쩔 수 없다. 우리네 인생의 보통 모습이 바로 이렇다. 이스라엘 백성들의 모습은 우리가 봐야 할 거울이다. 우리의 모습과 같다. 그래서 고린도전서 10장 11절에 보면 성경에 기록된 이런 사건들은 우리에게 거울이 되고 경고가 된다고 말한다. "그들에게 일어난 이런 일은 본보기가 되고 또한 말세를 만난 우리를 깨우치기 위하여 기록되었느니라." 이 일을 우리의 교훈으로 삼아야 한다.

# 결국 문제는
## 탐욕이다

이런 이야기가 있다. 죽음을 준비하는 한 부자가 하나님에게 간청했다. 자기 재산을 천국으로 가져갈 수 있게 해달라고 부탁드렸다. 하나님은 당연히 안 된다고 하셨다. 하지만 부자가 하도 졸라대니까 마지못해 허락하면서 이렇게 말씀하셨다. "한 가지 조건이 있다. 네 재산을 가져오되 가방 하나에만 담아 와야 한다."

그러자 부자는 그건 어렵지 않다면서 자기의 죽음을 위해 열심히 준비했다. 부자는 자기 재산을 모두 팔아서 금괴로 바꾸었다. 그리고 매우 흐뭇하게 생각했다. '하나님도 내가 이렇게 지혜롭게 재산을 바꿔올 줄은 모르시고 한 가방만 허락한다고 그러신 거지? 내가 천국에 가면 하나님이 내 지혜를 칭찬하실 거야.'

그런데 천국 문에 다다르자 베드로가 떡 버티고 서서 소지품은 가지고 들어갈 수 없다고 했다. 그러자 부자는 하나님에게 미리 허락받은 사항이라면서 천국은 이렇게 윗사람의 지시가 아랫사람에게 전달되지 않느냐고 명령 시스템에 문제가 있다며 불평했다. 실랑이를 벌이다 답답해진 베드로가 그럼 가방에 무엇이 들어 있는지 한 번 보자고 했다. 가방을 열어서 그 안에 잔뜩 들어 있는 금괴를 본 베드로가 깜짝 놀라서 이렇게 말했다. "아니, 이보쇼! 도로 포장재료를 뭐 하러 이렇게 가방에 잔뜩 담아 왔소?"

아직 가 본 사람이 없어서 확실히는 잘 모르지만 천국에는 길바닥이 금으로 포장되어 있다고 한다. 요한계시록에서 말하는 천국, 즉 거룩한 성 예루살렘에 대한 묘사에 이런 부분이 나온다. "성의 길은 맑은 유리 같은 정금이더라"(계 21:21). 길바닥이 금인데, 그것도 순도 100퍼센트인 정금(pure gold)으로 깔려 있다. 결국 이 부자의 이야기는 탐욕이 인간이 살아가는 세상의 문제라는 교훈을 준다.

드디어 하나님은 이스라엘 백성들의 데모를 보고 고기를 공급해 주기로 하셨다. 그런데 고기를 쏟아 부어주시는 것이 아닌가! 민수기 11장 31절을 보면서 하나님이 메추라기를 이스라엘 백성들에게 공급하시는 장면을 상상해볼 수 있다. "바람이 여호와에게서 나와 바다에서부터 메추라기를 몰아 진영 곁 이쪽 저쪽 곧 진영 사방으로 각기 하룻길 되는 지면 위 두 규빗쯤에 내리게 한지라."

사방으로 각기 하룻길이나 되는 넓은 땅에 메추라기가 나르고 있었다. 그저 공중을 어지럽게 날아다니는 것이 아니었다. 90cm에서 1m쯤의 높이(한 규빗은 45-50cm)에서 메추라기가 떼를 지어 날고 있었다. 그러니 이 새들을 잡는 데 허리를 굽힐 필요도 없었다는 말이다. 높이 날아 발돋움을 해서 잡을 필요도 없었다. 그저 선 채로 손 안에 들어오는 수많은 메추라기의 목을 잡아 비틀기만 하면 되었다. 그저 필요한 정도만 잡아서 먹으면 되었을 텐데 백성들은 끝없이 욕심을 부렸다.

이 일을 "종일 종야와 그 이튿날 종일토록" 했다. 1박 2일 간 30

여 시간을 잠도 자지 않고 메추라기를 잡았다. 그래서 "적게 모은 자도 열 호멜"을 모았다고 한다(민 11:32). 이게 얼마 만한 양인가 하면 2,200리터 쯤 된다. 기름 넣는 큰 통인 드럼통이 200리터이니 그런 드럼통으로 11개씩 모았다. 적게 모은 사람도 그만큼이라고 하니 이스라엘 백성 약 2백만 명 전체로 따지면 얼마나 많은 양이었겠는가?

당연히 문제가 생겼다. 백성들은 메추라기를 잡아서 진영 사면에 펼쳐두었는데 광야의 뜨거운 태양이 내리쬐면서 죽은 새의 고기가 썩기 시작했다. 장막 안은 물론이고 공간이 있는 곳에는 온통 다 고기를 펴 두었는데, 그 죽은 새의 고기 썩는 냄새가 진동했다. 이 냄새는 만나 썩는 냄새와 비교가 안 되었다. 고기 썩는 냄새는 정말 지독하다.

그 와중에도 사람들이 고기를 허겁지겁 먹기 시작했다. 상상해보면 너무 급한 욕심에 하나님이 명하신 고기 먹는 방법을 제대로 따르지 않았던 것 같다. 피를 제거하고 먹는 정결의 율법이 있는데 그것을 지키지 않았던 듯하다. 그래서 백성들이 고기를 씹고 있는데, 아니 씹어 삼키기도 전에 하나님이 진노하셨다. 이 난리굿판을 상상해보라. 잡아 죽여 놓은 메추라기는 산더미 같은데 썩은 고기를 치울 곳도 없었다. 그 고기는 더 이상 그들이 그렇게도 먹고 싶던 고기가 아니다. 악취가 코를 찌르는데, 사람들이 그 와중에도 고기를 게걸스럽게 먹다가 죽어 넘어갔다. 썩어가는 메추라기 더미 속에 사람들의 시체가 섞이기 시작했다. 여기도 시체, 저기도 시체, 여기저기 주검과 죽은 것 천지였다! 메추라기도, 죽어 넘어간 사람의 시신도 함께 썩었다.

썩은 냄새로 머리가 핑핑 도는 상황에서 살아 있다는 사실이 신기할 정도였으리라.

고기를 먹겠다는 욕심이 빚어낸 이스라엘 백성들의 죽음, 그 뒤끝이 정말 심각한 비극이 아닐 수 없었다. 그래서 그 땅을 '기브롯 핫다아와'라고 이름 붙였다. 그 뜻은 '탐욕의 무덤'이다.


## 탐욕을 부추기는 세상에서
## 탐욕 빼기를 추구하라

메추라기 사건은 탐욕을 부추기는 세상 속에서 살고 있는 오늘 우리에게도 유익한 교훈을 준다. 오늘 우리 시대는 자본주의사회에서 욕심을 내는 것은 너무나 당연하고, 많이 쟁취하는 것이 선이라고 강조한다. 이 비극적인 탐욕의 무덤 사건을 우리의 삶 속에 한번 적용해보자.

이스라엘 백성들이 '고기' 문제로 인해 큰 어려움을 겪었던 것을 보면 일단 우리도 고기 그 자체에 대한 교훈을 얻을 수 있어야 한다. 요즘 우리나라 사람들은 예전에 비해 고기를 많이 먹는다. 우리나라의 1인당 연간 육류 소비량은 2014년 이래로 50kg 내외이다. 미국 사람들의 90kg에 비하면 많지 않다. OECD 평균(63.5kg)에도 좀 못 미친다. 사람의 식성 따라 조금씩 다르겠지만 나는 고기를 좀 덜 먹는 편인데, 가만 생각해보니 일본 사람들이 연간 35kg 정도 고기를 먹는 이유와 비슷한 것 같다. 일본 사람들은 고기는 덜 먹어도 생선을 많이 먹는다. 나도 거제도가 부모님의 고향이어서 어린 시절부터 생선 요리에 익숙했다.

여하튼 1인당 육류 소비량이 연간 50kg이나 된다는 것은 좀 문제가 있다. 동유럽의 여러 나라가 민주화운동과 함께 소련 연방에서 탈퇴하고 독립하게 되면서 육류 소비가 확대된 경험에서 우리가 교훈을 얻을 단서를 발견할 수 있다. 우리도 못 살던 시대에 '이밥에 소고깃국'이 잘사는 인생의 표본처럼 여겨진 것과 비슷한 일이 그들에게도 벌어졌다. 독립한 동유럽 국가 정권들이 의도적으로 고기 가격을 낮추고 국민들에게 많은 고기를 공급했다. 과거보다 싼 가격으로 고기를 사서 먹다 보니 잘살게 되었다는 느낌도 들고 국민들도 좋아했다. 당연히 육류 소비량이 폭발적으로 늘어났다. 그런데 문제가 생겼다. 국민의 성인병이 급격하게 늘어났다. 비만, 고혈압, 당뇨병 등의 발병률이 예전보다 훨씬 높아졌다.

우리도 바로 이런 문제가 있다. 1인당 연간 육류 소비량이 1970년에 5.2kg이었다. 대략적으로 살펴보면 1980년에 11kg, 1990년에 20kg, 2000년에 30kg, 2010년에 40kg 정도로 10년마다 10kg씩 늘어났다. 너무나 가파르게 육류 소비량이 늘었다. 50년도 안 되었는데 10배나 늘어났다. 50kg은 2014~2015년 통계이니 2020년이 되면 더 많이 늘어날 것 같다.

그런데 예전부터 우리나라 사람들은 고기를 그렇게 많이 먹지 않았다. 갑자기 고기를 많이 먹게 되니 부작용이 많이 생긴 것이다. 대장암 발생이 늘어나고 각종 성인병이 늘어나는 등 부작용을 우리는 잘 알고 있다. 물론 단백질은 우리 몸의 필수영양소이다. 그런데 우리 몸에 필요한 단백질을 고기를 통해 섭취하는 양은 1년에 10kg 내외 정도면 충분하다고 한다. 필요한 양보다 많이 섭취하는 고기의 단백질은 간에서 분해해서 신장을 통해 소변으로 배출된다. 그 과정에서 신진대사에 많은 부담을 감수해야 한다. 고기를 먹지 않을 수 없겠으나 육류 소비를 좀 줄여야 할 필요는 분명하다.

이런 육류 소비문제를 먼저 적용해보고 이 사건의 본질로 넘어가야 한다. 기브롯 핫다아와에서 벌어진 메추라기 사건의 본질은 사람들이 고기를 달라고 하면서 전에 애굽에 있을 때가 더 좋았다고 한 말에 핵심이 담겨 있다. "아, 우리가 애굽에 있을 때는 자유가 없어 아쉽긴 했지만 그래도 고기도 먹으면서 살았는데, 이제 구원받아서 자유의 몸이 되고 보니 여기는 몇 달이 지나도 고기 한 번 먹어보지 못하네. 나는 이런 구원이라면 안 받는 게 낫겠다." 바로 이런 이야기가 이스라엘 백성들이 하나님에게 항의한 내용이다. 기브롯 핫다아와 사건을 바라보는 핵심은 바로 이것이다.

이스라엘 백성들은 '고기'가 상징하는 세상적인 욕심 때문에 '만나'가 상징하는 하나님의 일상적인 은혜를 무시했다. 그 탐욕에 끌려 근본적으로 하나님의 큰 구원역사인 출애굽을 되돌리려 한 발버둥이 바로 이 메추라기 사건이다. 하나님이 백성들에게 크게 진노해서 수많은 백성을 '탐욕의 무덤' 속으로 집어넣으신 이유가 바로 여기에 있다.

이 핵심은 오늘 우리에게도 동일하게 적용할 수 있다. 하나님이 우리에게 주신 '만나'에 만족하지 못하고 '고기'라는 세상의 욕심을 좇아갈 때 하나님이 우리를 세상에서 구원하신 은혜에 흠집을 내게 된다. 구원의 은혜와 더불어 주신 모든 좋은 것을 마다하고 이 세상의 가치관과 방법을 추억하며 세상의 즐거움을 좇아가는 행동은 심각한 결과를 낳는다.

이쯤에서 우리는 과연 '만나'에 만족하지 못하고 탐욕스럽게 요구하는 오늘 우리의 '고기'란 무엇인가 생각해보지 않을 수 없다. 리처드 포스터는 현대 사회를 살아가는 사람들의 탐욕은 '돈, 섹스, 권력'으로 요약된다고 해답을 주었다. 그의 책 제목이다.

돈을 가리켜 '우리 시대 최고의 우상'이라 해도 그리 틀린 말은 아니다. 돈은 우리에게 꼭 필요하다. 고기와 같이 꼭 필요하다. 그러나 그것이 탐욕이 될 때 문제가 된다. 돈을 사랑하는 욕심이 일만 악의 뿌리가 된다(딤전 6:10). 돈을 탐내는 자는 어떻게 되는가? 미혹을 받아 믿음에서 떠나 많은 근심으로써 자기를 찌른다고 경고한다. 결국 자기가 좋아하고 추구하던 그 돈에 찔리게 된다. 그러면 우리도 이스라엘 백성들이 묻힌 탐욕의 무덤에 들어갈 다음 순번 사람이 된다. 우리가 돈을 버는 목적은 무엇인가? 어떻게 벌어야 하는가? 어떻게 써야 하는가? 이 점을 우리가 고민하며 크리스천의 존재와 정체성을 바르게 세워야 한다.

또한 오늘날 우리 사회에서 큰 문제가 되고 있는 성(性)의 문제도 동일한 시각으로 볼 필요가 있다. 성과 사랑이 우리 모두에게 꼭 필요한 것이지만 그것이 가정이라는 울타리를 넘어서는 탐욕으로 발전할 때 심각한 결과가 따라온다. 아직도 계속되는 미투 운동이 웅변처럼 보여주고 있다. 그 결과는 무덤이고 파멸이다. 아름다운 불륜은 드라마 속에나 있는 것처럼 보이지, 사실은 허구이며 현실 속에는 더욱 존재하지 않는다.

권력의 문제 또한 동일한 시각으로 봐야 한다. 권력은 공동체의 질서유지를 위해 꼭 필요한 고기와 같다. 바람직한 권위는 조직을 활력 있게 만들어준다. 하지만 권력이 탐욕으로 변질될 때 드러나는 권력의 해악을 우리는 너무도 자주 봐왔다. 권력에 대한 욕심에 사로잡혀 집착을 버리지 못했던 사람들을 우리는 잘 알고 있다.

하나님이 우리의 삶 속에서 허락해주신 은혜로운 '만나'에 만족하면서 탐욕이 될 수 있는 '고기'를 조심해야 한다. 탐욕의 결과가 무덤임을 기브롯 핫다아와 사건을 통해 알려주셨다. 이스라엘 백성들이 날마다 광야에서 먹은 만나는 생명의 떡을 상징한다. 예수님이 말씀하셨다. "나는 생명의 떡이니 내게 오는 자는 결코 주리지 아니할 터이요 나를 믿는 자는 영원히 목마르지 아니하리라"(요 6:35). 이런 귀한 만나로 만족하며 살아가는 사람이 '고기'로 상징된 탐욕의 유혹을 극복할 수 있다. 성공도 탐욕이 될 수 있음을 잊지 말아야 한다. 크리스천은 성공하지 말아야 한다는 뜻이 아니다. 하지만 우리 삶의 방향과 행동 기준을 한번 점검해봐야 한다.

당신은 왜 성공하려 하고 어떻게 성공하고 싶은가? 성공의 기준은 무엇인지 자신을 돌아보고 우리의 성공을 다시 정의해야 한다. 크리스천의 성공 기준은 세상의 기준과 다르다. 정량적이기보다 훨씬 정성적이다. 우리의 성공은 눈에 잘 보이지 않는 가치를 중요하게 여긴다. 하나님이 부르신 소명의 삶을 살아가는 과정의 중요성을 놓치지 않아야 한다. 십자가를 앞두고 예수님이 "아버지께서 내게 하라고 주신 일을 내가 이루어 아버지를 이 세상에서 영화롭게 하였사오니"(요 17:4)라고 고백하는 기도가 역시 우리의 성공 기준이 되어야 한다.

# 17

# 불의한 청지기의
# 채무증서

전에는 종종 어떤 대부업체가 연 몇 백 퍼센트, 간혹 1천 퍼센트가 넘는 이자를 받아 적발되었다는 보도를 들을 수 있었다. 그런데 2018년 2월 8일 이후 이자제한법과 대부업법 상 최고 이자율이 같아져 연 24퍼센트가 되었다. 법 테두리 안에서도 엄청난 이자를 내고 돈을 빌려야 하는 사람의 안타까움을 느껴본다. 빚을 내야 하는 사람의 딱한 현실 이야기가 성경에도 여러 곳에 등장한다. 예수님의 비유 말씀 중에 '불의한 청지기의 비유'로 불리는 말씀이 대표적이다(눅 16:1-13). 특히 이 비유는 예수님의 비유 중 해석이 쉽지 않은 난제 중에 하나로 꼽힌다. 한마디로 말하면 '불의했지만 지혜롭게 처신한 청지기'의 이야기인데, 특히 사물의 일터신학 관점으로 '채무증서'를 중심으로 생각해보자.

특히 이 비유를 예수님이 제자들을 대상으로 말씀하셨다는 점에 주목할 필요가 있다(1절). 주님을 따르는 열두 제자 혹은 조금 더 확대된 제자들을 대상으로 이 비유의 말씀을 하셨다. 15장에 나오는 잃어버린 드라크마와 양과 아들의 비유를 무리에게 말씀하셨고, 이 불의한 청지기의 비유를 말씀하신 후에는 바리새인들을 대상으로 말씀하셨다(눅 16:14-31). 즉 이 비유는 예수님의 대외 강의사역이 아니라 '내부 직원 교육용 특강'이었다는 점을 알 수 있다. 오늘 세상과 일터에서 예수님의 제자로 살아가는 우리 크리스천들에게 하시는 말씀이라고 읽어도 큰 무리가 없을 듯하다.

## 부잣집 청지기의 일탈과
## 효과적인 대응

한 부자에게 청지기가 있었다. 청지기는 부잣집의 살림살이와 재정문제를 총괄하는 신망이 두터운 종이었다. 한 식구나 마찬가지였다. 그래야 집안의 모든 재산을 맡길 수 있었다. 그런데 이 집 청지기가 주인의 돈을 낭비했다고 한다. 주인의 소유를 "낭비한다"는 표현은(1절) 예수님의 탕자 비유에서 둘째 아들이 먼 나라에 가서 허랑방탕하여 재산을 '낭비'한다는 단어와(15:13) 같은 단어를 쓰고 있다. 청지기는 자기의 재산이 아닌 주인의 재산을 낭비했다. 그 말이 주인에게 들릴 정도였다. 온 동네 사람들이 다 알고 있다는 말이다. 청지기의 불의함을 확인한 주인은 말했다. "네가 보던 일을 셈하라." 주인은 관계를 끊자고 했다. 그의 직분을 빼앗는 조치로 보면 청지기의 불의가 횡령이거나 사기는 아니었던 듯하다. 주인은 사법 당국에 고발하지 않고 그의 직을 빼앗는 것으로 불의한 청지기를 징벌하려고 했다.

그러자 청지기에게는 고민이 생겼다. 큰 고민이었다. "주인이 내 직분을 빼앗으니 내가 무엇을 할까?"라는 청지기의 한탄의 의미를 느껴보라. 그 상실감에 공감해보라. "내가 무엇을 할까?"라는 탄식은 막막하고 딱한 실업의 고민을 느끼게 해준다. 막노동을 하자니 힘이 없고, 구걸해서 빌어먹자니 창피한 심정을 청지기는 한탄하고 있다.

다른 부잣집에 청지기로 들어가는 길은 생각하지 못했을까? 청지기는 이제 그쪽은 길이 막힌 것을 잘 알고 있었다. '청지기 업계'의 블랙리스트에 이미 올랐다는 말이다. 그러니 이제 뭔가 다른 돌파구를 찾아야 한다. 이 사람의 상황에 공감해볼 수 있다. 심각하고 불쌍하게 자신의 앞날을 고민하다가 청지기는 드디어 무릎을 쳤다.

"내가 할 일을 알았도다!" 이 비유에는 감탄문이 많이 등장한다. 고민하다가 깨달은 이 기쁨은 실직을 겪어보지 않은 사람은 잘 모를 것이다. 청지기가 깨달은 바를 요약하면 이렇다. "일자리는 빼앗겨도 '거래처'는 잃지 말자!" 즉 관계로 승부하자고 결론내렸다.

그래서 청지기는 주인에게 빚을 지고 있는 채무자들을 부르는 조치를 시행했다. 채무증서를 보자고 하더니 증서를 고쳐 썼다. 기름 백 말을 빚진 사람의 채무증서를 보고 오십 말로 고쳐주었다. 밀 백 석을 빚진 사람은 팔십 석으로 감해주었다. 그런데 이렇게 청지기가 탕감 조치한 빚은 규모가 대단했다. 기름 한 말은 40리터쯤 된다. 탕감해준 기름 오십 말은 200리터 드럼통으로 10개 분량이다. 올리브유가 그만한 양인데 돈으로 환산하면 얼마나 큰 금액인가! 탕감해준 밀 20석은 40가마니이다. 그러니 이건 일반적인 빚이 아님을 알 수 있다. 한 사람이 빚진 것이라면 한두 해 생활비가 모자라서 진 빚이 아니다. 그 빚은 오래된 악성부채였다. 여러 해 빚이 쌓였고, 고리채가 되어 빚을 갚을 엄두를 못내는 상황이라고 볼 수 있다. 그러니 갚을 길이 막연했다. 밀 200가마니를 빚지고 있는 사람이 어떻게 갚을 것인가? 해를 넘기면서 계속 이자가 이자를 낳았고 앞으로도 더욱 그럴 것이니 그 부채는 결국 사람 잡는 빚이었다.

이런 악성부채를 자기 주인에게 지고 있는 사람들을 부른 청지기가 "당신은 50퍼센트 할인, 당신은 20퍼센트 할인!"이라고 새로 채무증서를 써주었다. 단순히 주인의 재산을 축내고 낭비하는 것만은 아니라는 느낌이 들지 않는가?

# 채무증서를
## 고쳐 써준 효과

이 채무증서에 대해서 우리가 여러 가지 상상을 해볼 수 있다. 이미 살펴본 대로 일단 부채의 규모가 큰 것이 악성 채무라는 증거가 될 수 있겠다. 또한 생각할 수 있는 것은 이렇게 부채의 규모가 큰 것으로 봐서 한 사람이 진 빚은 아닐 수 있다는 가능성이다. 이 채무증서를 가지고 있는 사람은 농민과 부잣집 사이에서 여러 농민을 거느린 중간관리자와 같은 관리형 책임자, 소사장과 같은 고용주가 아니었을까 추측해볼 수 있다. 왜냐하면 채무증서를 가지고 있다면 글을 아는 사람이라는 말이다. 예수님 당시의 생활상을 보면 글을 아는 사람이 도시에는 10퍼센트 정도, 농촌에는 2~3퍼센트에 불과했다니 이 채무증서를 가진 사람이 농촌에 살았다면 상당히 유식한 계층에 속했음을 알 수 있다. 부자와 농민 사이에서 중간역할을 하는 사람이라는 상상도 해볼 수 있다(월간 〈그말씀〉, 2017년 2월호, 176쪽, 송진순 교수의 글).

농사짓는 시골의 상황을 잘 아는 사람은 이 상황을 보면서 '도조'(賭租)라는 단어가 머릿속에 떠오를 수 있다. 남의 논밭을 빌려 농사를 지어서 주인에게 내는 일정한 비율의 곡식이 도조이다. 채무증서를 가지고 있는 이 중간관리자가 소작인으로부터 과한 도조를 받아 챙기던 상황을 우리가 상상해볼 수 있다. 일종의 커미션을 받아 자기

주머니에 넣는 비리를 상상할 수 있다. 이 청지기도 그런 식으로 일정한 권한과 여분의 도조를 받아 챙길 수 있었다고 본다면, 우리는 이 불의한 청지기의 파격적 할인 공세를 자기가 비공식적으로 취할 수 있는 개인의 이익을 포기한 대안적인 행위로도 읽을 수 있다.

조금 더 상상해볼 수도 있다. 본래 이스라엘에서는 내국인끼리는 돈 거래에서 이자를 받지 못하도록 되어 있었다. 그런데 공공연히 밀과 기름 같은 생계 관련 필수 품목들로 이자 거래를 관행적으로 했다. 그래서 할인한 기름 50말과 밀 20석은 이자 부분을 탕감해준 것이라고 보는 견해도 있다.

여하튼 이 채무증서에 대해서 우리는 정확히 알기는 힘들지만 다양한 상상을 해볼 수 있다. 어떤 것이 가능한 해석일지 그 결과를 보면 보다 분명해질 수 있다. 청지기가 채무증서로 장난을 좀 쳤더니 어떤 일이 벌어졌는가? 주인이 소문을 듣고는 이 옳지 않은 청지기가 일을 지혜 있게 했다고 칭찬했다. 그런데 생각해보라. '의로운 사람이 일을 지혜롭게 하지, 불의한 사람이 어떻게 일을 지혜롭게 하는가?' 우리는 보통 이렇게 생각한다. 이것이 정상적인 사고 구조를 가진 사람의 판단이다. 그런데 여기서 예수님이 가르쳐주시려는 교훈은 바로 이것이다. "그릇된 인격을 가지고도 이렇게 지혜롭게 일하는 사람을 보고 배우라." 이 비유를 통해 예수님이 하나님 나라의 도덕 기준을 말씀하셨다고 보면 안 되겠다. 비리와 구조적인 모순이 난무하는 세상에서 제한된 지혜를 발휘할 수 있는 방법에 대해 한 사례를 들어 칭찬하고 계신다. 우리가 이렇게 판단하면 예수님의 말씀을 이해하기가 수월하다.

이어서 청지기의 태도를 본 부자의 반응이 어땠을까 생각해보라. 이 부자 주인은 두 가지 소문을 들었다. 하나는 청지기가 엉뚱한 짓을 하고 있다는 바로 그 소문이었다. 또 하나는 온 동네 사람들이 청지기와 자신인 부자를 함께 칭찬하고 있다는 소문이었다. 불의한 청지기가 가난한 사람들이 생활하는 데 필수적인 품목인 밀과 기름을 빚진 사람들에게 파격적인 부채 경감을 해주었기 때문이다. 이것은 당시 사회에서 쉽게 볼 수 없는 특단의 조치였다. 더구나 사람들은 그런 일이 청지기가 자기 마음대로 결정한 일종의 비리였다는 생각은 꿈에도 하지 못했다. 그것이 가능하지도 않았다. 이런 파격적인 부채 세일은 대표이사 결재사항이지 팀장 결재사항이 아니었다는 점을 동네 사람들은 다 알고 있었다.

그런데 부자 주인이 주시해보니 상황이 예상하지 못한 방향으로 흘러갔다. 불의한 청지기가 자신의 인맥을 동원해 사람들의 빚을 깎아주다 보니 악성채무가 회수 가능한 채무로 변할 조짐이 보였다. 왜 그런가? 빚을 지고 있는 사람들에게 의지가 생겼기 때문이다. '아! 절반이라면 갚을 수 있겠구나!' '2할 할인 받았으니 한 번 해보자. 저 집은 절반 깎아줬다고 하던데 내가 사정하면 1할 정도 더 깎아주지 않을까?' 그래서 채무자들은 빚 갚을 의지를 갖게 되었다.

채무자들은 이 불의한 청지기가 돈을 떼먹어서 잘리는 줄은 잘 몰랐을 것 같다. 적법하게 주인의 도장을 가지고 채무를 감액해주었을 것이라고 보았다. 그러니 결국 이런 훌륭한 일을 한 부자 주인의 평판이 올라간 것은 당연하다. 상황이 이렇게 전개되니 주인도 당황했다. 만약 지금이라도 주인이 사실은 채무 탕감이 청지기의 독단적이고 위법적인 행동이었기에 채무자들의 빚을 본래대로 원상 복구한다고 주장했다면 어떻게 되었을까? 물론 청지기는 공문서 위조로 구속되었을 것이다. 그러면 어떤 상황이 벌어졌을까? 그 부자에 대한 평판은 형편없이 떨어지지 않았겠는가? 오히려 청지기만 가난한 사람들을 위해 싸운 '의인 홍길동'이 되지 않았겠는가?

지금까지 살아오면서 청지기의 주인인 부자는 그 당시에 듣던 것만큼 좋은 평판을 들어본 적이 없었을 듯하다. 그러니 부자는 속으로 끙 앓으면서 이렇게 한탄할 수밖에 없었다. "고놈 참, 기막히게 영악한 사기꾼이구만!" 자신을 향한 동네 사람들의 칭찬 세례에 그만 부자가 무릎을 치며 욕과 감탄을 동시에 쏟아놓았다. '하, 고놈의 영악한 도적놈!'

이 부분에 불의한 청지기가 인생의 큰 위기를 극복하고 성공할 수 있었던 비결이 있다. 바로 승-승 전략을 썼다는 점이다. '내 일자리가 떨어졌다. 그래도 거래처는 관리해야 한다'는 생각으로 앞으로 먹고 살 방도를 찾았다. 그런데 나만 이기고 주인은 지게 하는 승-패 전략이 아니라 나도 이기고 주인도 이기게 하는 승-승의 전략으로 문제를 해결하려고 했다는 점이 주인을 감탄시켰다. 두 손 들게 만들었다고 말하면 더욱 정확한 표현이다.

　주인이 이렇게 옳지 않은 청지기가 일을 지혜 있게 했다고 칭찬할 수밖에 없었다고 하여 예수님은 이 비유를 통해 옳지 않은 생각이나 행동을 칭찬하셨다고 생각해서는 안 된다. 앞으로 지혜롭게 일할 사람은 옳지 않아도 좋으니 결과만을 만들어내라고 명령하지도 않으셨다. 이 세상 사람들이 옳지 않으면서도 지혜롭게 행하는 것을 배워야 한다고 강조하신 것이다. 누가 그 지혜를 배워야 하는가? 바로 제자들이 배워야 한다.


## 하나님과 재물을 겸하여
## 섬길 수 없느니라

　　　　　이렇게 불의한 청지기 비유를 이해할 때 가장 어려운 구절의 의미도 찾을 수 있고, 우리가 또 다른 차원 높은 적용을 할 수도 있다. 이 비유 말씀을 하신 후 예수님은 이렇게 말씀하셨다. "불의의 재물로 친구를 사귀라. 그리하면 그 재물이 없어질 때에 그들이 너희를 영주할 처소로 영접하리라"(눅 16:9). 여기서 불의의 재물로 친구를 사귀라는 말은 세상 사람들이 물질적인 목적을 위해 지혜를 짜내는 것을 배우라는 뜻이다. 예수님을 따르는 제자들도 영적인 목적을 위해서 돈과 같은 모든 자원을 활용하기를 바라신다. 영적인 목적을 위해서 돈을 사용하는 것은 무엇인가? 하늘에 보화를 쌓는 일인 구제와 같은 행동이다. 영적인 필요를 위해 주변 사람을 돕는 일도 있다. 바로 그런 일을 통해 친구를 사귀기를 바라신다. 이렇게 사귀는 친구가 바로 영적인 친구이다. 그러면 그 친구가 천국에서 우리를 환영하게 된다. "그들이 너희를 영주할 처소로 영접하리라"(눅 16:9)는 말씀은 영적인 목적을 가지고 지혜로운 방법으로 도와준 사람을 천국에서 만날 수 있다는 뜻이다. 그들이 예수님을 믿어 구원받으니 그들을 천국에서 만날 수 있다.

정리하면 불의의 재물로 친구를 사귀라는 말은 세상 사람이 사용하는 지혜로운 방법으로 우리가 가진 모든 것을 투자해서 영혼을 구하는 일을 하라는 뜻이다. 특히 이 비유를 듣는 대상인 제자들에게 이 일이 중요하다. 제자가 할 일은 바로 영혼 구원의 사명을 실천하는 일이다. 자기가 가진 모든 것을 사용해서 영혼 구하는 일을 하는 것, 그것이 바로 정리해고나 명예퇴직, 일자리를 잃는 것보다 더욱 심각한 인생의 정리해고를 준비하는 일이라는 점을 명심해야 한다.

다니던 직장에서 일을 그만 두어야 하는 퇴직의 상황을 대처하는 것보다 더 심각한 일이 바로 우리의 죽음을 준비하는 것임을 알고 있는가? 노후보다 사후가 중요하다. 당신은 '인생의 청지기'로서 당신의 인생을 그렇게 준비하고 있는가? 과연 불의한 청지기보다 더 지혜로운 청지기라고 할 수 있는가? 우리는 1년, 2년 나이를 먹어가면서 이런 인생의 준비를 더욱 잘 감당해야 한다.

예수님의 비유에 등장하는 청지기는 신앙 인격은 문제가 많은데 일은 잘하는 청지기였다. 그런데 혹시 우리는 신앙 인격은 괜찮은데 일은 잘 못하는 것은 아닌가? 그러면 우리는 미련한 청지기가 되고 만다. 예수님은 그런 제자가 많다고 지적하신다. 그래서 예수님은 제자들에게 그야말로 특별한 강의를 해주셨다. 물론 일은 못해도 인격이나마 쓸 만한 사람이 더 낫긴 하다. 일도 못하고 신앙 인격도 엉망인 사람보다야 낫다. 하지만 세상에서 일하는 제자로 살아가야 할 하나님의 자녀들이 일을 지혜롭게 하지 못하는 것을 예수님은 아쉬워하신다.

예수님은 신앙 인격이 엉망이고 일은 잘하는 사람(불의한 청지기)과 제자들을 비교하시는 것이 아니다. 누가 더 낫다고 우열을 나누지 않으신다. 다만 인격에는 문제가 많아도 일은 잘하는 세상 사람에게 일의 지혜를 배우기 원하신다. 그래서 제자들이 어떻게 되기를 원하시는가? 세상의 지혜를 얻어서 효과적으로 하나님 나라의 일, 즉 영혼을 구원하는 일을 잘하기 바라신다.

이것이 바로 작은 것에 충성되면 큰 것에도 충성되고, 작은 것에 불의하면 큰 것에도 불의하게 되는 원리이다. 세상의 재물에도 충성하지 않으면 어떻게 참된 영적인 것을 책임 맡아 잘할 수 있겠는가? 남의 것에 충성되면 너 자신의 것을 얻게 될 것이라는 말씀이다(눅 16:10-12).

예수님께서 이 비유 말씀을 결론지으셨다. "집 하인이 두 주인을 섬길 수 없나니 혹 이를 미워하고 저를 사랑하거나 혹 이를 중히 여기고 저를 경히 여길 것임이니라. 너희는 하나님과 재물을 겸하여 섬길 수 없느니라"(눅 16:13).

결국 돈에 관한 이야기를 예수님이 하셨는데, 돈이라는 맘몬은 우상이 될 수 있다. 하나님 대신에 돈을 섬기면 결국 청지기의 역할을 다하지 못하고 만다. 예수님이 실제로 왜 이런 말씀을 하시는가 하면 이후 14절이 이렇게 기록하는 것을 보면 알 수 있다. "바리새인들은 돈을 좋아하는 자들이라. 이 모든 것을 듣고 비웃거늘." 돈을 좋아하던 바리새인들은 예수님의 이 말씀 듣고 픽픽 웃으며 콧방귀나 뀌었다. 제자들에게 하신 말씀을 어떻게 전해 들었는지 예수님의 말씀을 비웃었다. 그들은 하나님과 재물을 함께 섬길 수 있다고 자신만만했다. 우리도 예수님의 말씀을 마음에 두지 않으면 이런 바리새인들과 같이 될 수 있다.

미국에서 1960년부터 1980년까지 MBA 졸업생 1,500명을 대상으로 추적한 연구보고서가 있다. 처음부터 졸업생을 두 범주로 나눴다. 그룹 A에 속한 사람들은 먼저 돈을 벌고, 돈 걱정을 해결한 후에 그들이 정말로 하고 싶은 일을 하겠다고 대답했다. 반면에 그룹 B에 속한 사람들은 처음부터 관심 있는 일을 하고, 일을 열심히 하다 보면 돈은 자연스레 따라올 것이라고 대답했다. 1,500명 중에 먼저 돈 벌겠다는 그룹 A에 속한 사람이 83퍼센트로 1,245명이었다. 관심 있는 일을 하겠다는 그룹 B에 속한 사람은 17퍼센트로 255명에 불과했다. 과연 어떤 사람들이 돈을 더 많이 벌게 되었을까?

20년 후, 그들 중에 101명이 백만장자가 되었다. 그런데 그들 중 돈에 관심을 두고 돈 버는 일이 먼저라고 생각한 A그룹에 속한 사람은 1명에 불과했다. 나머지 100명은 모두 돈보다 먼저 관심 있는 일을 하겠다는 B그룹에 속했다.

우리는 돈을 벌고 살아간다. 돈을 벌어야만 한다. 그렇게 돈이 중요하다. 하지만 우리가 '돈, 돈, 돈' 하며 돈타령을 하기만 한다고 돈이 벌리는 것은 아니다. 어쩌면 우리가 일을 잘 감당하고 즐겁게 해내면서 하나님이 주신 사명에 충실하면 우리에게 필요한 돈은 따라올 수 있다. 이 사실을 이 통계가 잘 보여주고 있다. 이런 지혜가 바로 세상의 지혜이다. 우리도 배울 점이 많은 이야기이다. 불의한 청지기의 인품을 배우는 것이 아니라 지혜로운 처신을 배울 수 있어야 한다.

# 18
# 요나의 박넝쿨

옛날 시골집에서 지붕 위를 덮어 키우던 '박'이 있다. 열매를 수확하여
바가지를 만들어 쓰는 식물이고, 속을 긁어서 시원한 국이나 전골 요
리를 하기도 하고 나물을 무치기도 한다. 박은 이파리가 호박잎처럼
넓다. 물론 요나서 4장에 나오는 박넝쿨은 우리가 아는 박과는 좀 다
르다. 오렌지만한 노란 열매를 가진 한해살이 덩굴식물이다. 포도덩
굴과 같은 줄기를 가지고 있다. 열매는 독성을 지니고 있어 많이 먹으
면 죽는 경우도 있다. 열왕기하 4장에 보면 엘리사 선지자의 한 제자
가 들에 나가서 '들호박'이라고 표현하는 열매를 따온다. 이것을 끓여
먹다가 독이 있어 못 먹고 엘리사 선지자가 가루를 가져오라고 해서
해독해서 먹는 이야기가 나온다(왕하 4:38-41). 이 들호박 열매를 맺

는 식물을 '들포도덩굴' 혹은 '박넝쿨'이라고 한다. 큰 이파리가 달린 줄기가 한참 빨리 자랄 때는 며칠 사이에 2~3m나 자라기도 한다.

이런 박넝쿨이 요나서 4장에서 하나님이 요나 선지자에게 교훈을 주시는 중요한 교보재로 등장하고 있다. 하나님이 햇볕을 가리도록 요나를 위해 박넝쿨을 준비해주셨을 때 요나는 세상을 다 얻은 것처럼 좋아한다. 하지만 바로 이튿날 벌레가 박넝쿨을 갉아먹게 하시니 그만 박넝쿨이 다 시들었다. 그러자 요나는 세상을 다 잃은 것처럼 절망하고 하나님을 원망한다. 하나님이 요나 선지자에게 박넝쿨을 통해 가르쳐주시려는 교훈은 무엇이었을까? 박넝쿨을 일터신학의 안경으로 들여다보자.


## 하나님에게 삐친 요나!
## 왜 그랬을까?


요나 선지자는 니느웨로 가서 심판을 예언하라는 하나님의 명령을 어겼다. 정반대 방향 다시스로 가는 배를 탔다가 풍랑을 만났다. 물고기 배 속에 들어가서 사흘간 근신한 후에 니느웨 성으로 갔다. 요나를 삼킨 큰 물고기가 배를 출발한 욥바 항구 근처로 와서 토했다고 해도 거기서부터 니느웨까지는 900km나 되니 아마도 한 달 이상은 걸려 니느웨 성까지 갔을 것이다.

드디어 요나는 니느웨 성을 돌아다니면서 예언의 메시지를 전했다. "사십 일이 지나면 니느웨가 무너지리라." 사흘 동안 걸을 만큼 큰 성이 니느웨였다. 그런데 요나가 하루 동안만 다니면서 메시지를 전했는데 그 말을 듣고 니느웨 사람들이 회개했다. 금식을 선포하고 굵은 베옷을 입었다. 왕이 왕복을 벗고 베옷을 입고 재에 앉아 회개했다. 조서를 내려서 모든 백성, 심지어 짐승도 물도 마시지 말라고 했다. 하나님께 부르짖고 악한 길과 손으로 행한 모든 폭행에서 떠나라고 선포했다(욘 3:1-9). 니느웨 사람들은 진정한 회개를 했다. 그래서 하나님이 뜻을 돌이키셨다. 니느웨 성 사람들의 죄악으로 그들을 심판하시려고 했지만 하나님은 그들에게 내리려고 했던 재앙을 거두셨다(욘 3:10).

바로 이런 니느웨 성의 회개를 보고 요나가 보인 반응은 이랬다. "요나가 매우 싫어하고 성내며"(욘 4:1). 가능한 이야기인가? 이것이 과연 죄인을 향해 하나님의 뜻을 전해 회개를 촉구하는 선지자의 자세라고 할 수 있는가? 니느웨 성 사람들이 회개하여 구원받는 모습을 보고 이렇게도 심하게 싫어하면서 화를 낼 수는 없다. 그럼 요나는 니느웨 성 사람들의 멸망을 기대하고 있었다는 뜻인가?

바로 그랬다. 요나의 예상 밖 행동의 단서가 여기에 있다. 요나의 메시지를 보면 알 수 있다. 사실 선지서에는 주로 선지자의 메시지가 많이 나타난다. 이사야, 예레미야 같은 대선지서들도 그렇고 호세아, 요엘, 아모스 같은 소선지서들도 그렇다. 그런데 요나서에 등장하는 예언 메시지는 이것 한마디 밖에는 없다. "사십 일이 지나면 니느웨가 무너지리라"(욘 3:4). 간단하게 하나님의 메시지를 전하는 내용이었다.

요나가 니느웨에 가서 선포한 메시지의 내용에 대한 단서를 찾아볼 수 있다. "여호와의 말씀이 아밋대의 아들 요나에게 임하니라. 이르시되 너는 일어나 저 큰 성읍 니느웨로 가서 그것을 향하여 외치라. 그 악독이 내 앞에 상달되었음이니라 하시니라"(욘 1:1-2). 요나의 메시지는 니느웨 백성들의 죄악에 대한 하나님의 심판임을 알 수 있다.

그런데 요나는 니느웨 성에서 회개를 촉구하는 메시지는 아예 전하지 않았을까? 아니면 전했는데 그것을 기록하지는 않았을까? 요나서를 요나가 썼다면 자신의 작품에 선지자로서 메시지를 딱 한 문장만 기록하면서 "사십 일이 지나면 니느웨가 무너지리라"고만 기록했을까? 선지자들이 전한 예언의 말씀을 보면 심판에 대한 메시지에는 항상 구원의 메시지가 따라온다. 회개하지 않으면 심판받지만 회개하고 용서를 구하면 하나님의 위로와 구원이 있음을 선지자들이 전했다. 이사야 선지자의 예언서를 봐도 66장이나 되는 긴 서신에서 앞의 39장은 죄악에 대한 심판의 메시지이지만 40장부터는 회개하여 돌이키는 사람들에 대한 구원의 메시지가 따라오고 있다. 이사야서 40장 1절이 기록한다. "너희의 하나님이 이르시되 너희는 위로하라. 내 백성을 위로하라."

그렇다면 요나는 회개를 통한 구원의 메시지를 전하기는 전한 것인가? 아니면 아예 빼버린 것인가? 아니면 전했는데 기록을 하지 않은 것인가? 상상할 수밖에 없는 문제이지만 어떤 경우였든지 문제가 많다. 그런데 바로 이점이 요나와 박넝쿨에 얽힌 해프닝을 잘 설명해 준다.

요나는 심판의 메시지를 전했는데, 40일이 지나면 니느웨가 망한다고 메시지를 전했다. 하지만 하나님이 심판하시려고 했던 계획을 돌이키셨다. 요나는 니느웨 성을 지켜보며 기다리고 있는데 망할 기미가 전혀 보이지 않았다. 요나가 심판의 메시지를 선포한 지 여러 날이 지났는데 니느웨에서는 여전히 회개와 부흥 운동이 계속되었다. "하나님이 뜻을 돌이키사 그들에게 내리리라고 말씀하신 재앙을 내리지 아니하시니라"(욘 3:10). 유다와 이스라엘에서도 유례를 찾아보기 힘들었던 큰 부흥의 물결이 니느웨 성을 휩쓸고 있었다.

그러자 실망한 요나가 화를 내며 기도했다. "제가 고국에 있을 때 이럴 거라고 예상하지 않았습니까? 하나님이 이러실 줄 알았습니다. 심판을 예언하라고 하셨는데 니느웨 사람들이 제 말을 듣고 회개할 줄 제가 미리 예상하고 있었습니다. 하나님의 은혜, 자비, 인내, 인애가 크신 속성 때문임을 제가 이미 알고 있었단 말입니다. 그러니 절 죽여주십시오. 물고기 배 속에서 못 죽었는데 지금 차라리 죽겠습니다." 이런 내용의 푸념을 요나는 자신의 기도에 담았다(욘 4:2-3).

하나님이 "뭘 그리 화를 내니? 그럴 거 있니?"하고 달래시자 삐친 요나가 니느웨 성읍 밖으로 나갔다. 성읍 동쪽에 초막을 지어 놓고 니느웨 성의 상황을 살펴보기로 했다. 이때 요나의 '구글 위치정보'를 한번 상상해보았다. 앗수르의 수도 니느웨 성이 바라다 보이는 곳, 혹시 소돔 성처럼 유황불이 떨어져 멸망하면 위험할 수 있으니 적당한 거리가 떨어진 곳의 산 중턱쯤이었을 것으로 보인다. 요나는 혹시나 하고 40일이 되는 날을 기다렸을 것 같다. 자기가 예언하지 않았는가? 40일이 지나면 니느웨가 무너질 것이라고 말이다. 하나님이 그렇게 하지 않으실 가능성이 높긴 하지만 혹시나 자기의 그 예언이 이루어지나 확인해보고 싶었다. 그래서 요나가 초막 안에서 니느웨 성을 바라보며 기다리고 있었다.

이 상황에서 우리는 대단히 디테일이 강한 하나님의 면모를 발견할 수 있다. 하나님이 박넝쿨을 준비하셨다. 요나가 거기서 초막을 지어놨다고 해도 뜨거운 햇볕을 다 가리기는 쉽지 않았을 것 같다. 박넝쿨이 빨리 자라서 커다란 이파리로 초막을 덮으니 낮에도 요나를 시원하게 해주었다. 그게 얼마나 좋은지 요나가 그 박넝쿨 때문에 크게 기뻐했다(욘 4:6). 하지만 다음 날 아침에 하나님이 벌레를 준비하셨다. 하나님은 디테일이 강하신 분이 틀림없다. 하나님의 새로운 면모를 발견할 수 있다. 하나님이 준비하신 벌레의 크기가 몇 cm쯤 되었을까? 이빨이 특별히 강한 벌레였을 것 같다. 여러 마리는 아니고 한 마리의 벌레였다. 하나님이 그 벌레를 시켜서 이튿날 새벽에 줄기도 끊어놓고 햇볕을 가리는 중요한 위치의 이파리도 갉아먹게 하셨다. 벌레도 생존 본능이 있어서 자기의 식량인 나무 자체를 시들게 하면 안 된다는 것을 알고 있다. 그래서 보통의 벌레들은 하나님이 준비하신 벌레처럼 줄기 부위를 공격해서 식물이 시들게 하지는 않는다. 그러니 이 일도 하나님이 특별히 지시한 벌레를 통해 베푸신 이적임을 알 수 있다.

그래서 그만 박넝쿨이 시들어서 더위를 막는데 아무 소용이 없어져버렸다. 또 마침 하나님이 뜨거운 동풍을 불게 하시고 아마도 태양의 온도도 더 뜨겁게 하지 않으셨을까 생각해본다. 햇볕이 요나의 머리에 내리쬐는데 요나가 정신이 혼미해질 지경이었다. 그래서 어떻게 했는가? "스스로 죽기를 구하여 이르되 사는 것보다 죽는 것이 내게 나으니이다"(욘 4:8). 요나는 이렇게 극단적인 감정의 폭발을 보여주고 있다. 매사가 다 짜증나는 상황이었다.


## 요나의 성공집착증
## : 박넝쿨 증후군

이렇게 박넝쿨에 대해 극단적인 감정을 보이는 요나의 모습에서 우리는 무엇을 발견할 수 있는가? 요나의 이런 모습을 '박넝쿨 증후군'이라고 표현해본다. 하룻밤 사이에 나를 시원하게 만들었다가 뜨거워 못 견디게 만든 박넝쿨 이파리 자체가 중요한 것이 아니다. 하나님께서 이 이적을 통해 가르치려고 하시는 메시지를 요나가 모르지 않았을 것이라고 본다. 요나가 하찮은 박넝쿨 하나도 아끼는데 니느웨 성에 있는 수많은 사람(아이만 12만여 명으로 전체 인구는 60만 명을 헤아릴 것이라고 학자들이 본다)과 가축도 많는데 왜 하나님이 아끼시지 않겠는가?(욘 4:10-11). 그 사실을 요나도 틀림없이 알았다. 요나는 기도하면서 하나님이 은혜로우시며 자비로우시고 노하기를 더디 하시며 인애가 크셔서 뜻을 돌이켜 재앙을 내리지 아니하시는 하나님이신 줄을 알고 있다고 하지 않았는가?(욘 4:2). 요나는 이미 다 알고 있었다.

그런데 용납되지 않았다. 내가 전한 메시지, 선지자의 예언이 이루어지지 않은 점 말이다. 하나님이 전하라고 해서 40일이 지나면 니느웨가 무너진다고 예언한 그 메시지가 뭐가 된단 말인가? 니느웨 성 사람들이 회개하자 하나님이 그들을 멸망시키지 않으셨다. 그럴 줄 미리 알고 니느웨에 가지 않으려고 발버둥치고 우여곡절을 겪었는데 결론이 이렇게 요나의 예상대로 나왔다는 말이다. 그러니 결국 요나가 선포한 예언은 거짓말이 된 셈이다. 요나는 바로 그 점이 죽을 만큼 싫었다. 망한다고 예언했으면 망해야 하는데 안 망했다. 선지자 요나가 이런 일종의 '일관성'을 추구하지 않았을까 생각해본다. 이것은 일종의 자존심이기도 하다. 자기의 말, 특히 선지자로서 한 하나님의 말씀인 예언이 그대로 성취되어야만 일을 제대로 한다는 생각이 드는 일중독 증상이기도 하다.

박넝쿨 증후군은 결국 성공집착증이다. 내가 공약한 대로, 하고자

하는 대로 일을 추진하는데 안 되니 답답하고 미칠 지경이다. 그러니 좀 시원하면 살만 하고, 좀 더우면 짜증이 나고 화가 나서 죽고 싶은 생각까지 들었다. 박넝쿨 증후군은 자신의 노력과 관계없이 갑자기 찾아온 기회나 성공에 대단히 집착하는 증상을 말한다. 기쁨도 크게 하는 반면 실망도 급하고 크게 하는 태도이다. 세상만사를 나 중심으로 생각하는 소아병적 탐욕이 바로 박넝쿨 증후군이다.

자기의 예언은 꼭 그대로 이루어져야 한다는 생각은 요나에게 있어서 이번이 처음은 아니었다. 열왕기하 14장 25절에 보면 요나서나 다른 예언서에는 기록되어 있지 않지만 하나님이 요나 선지자에게 예언을 하라고 말씀하신 내용이 나온다. "이스라엘의 하나님 여호와께서 그의 종 가드헤벨 아밋대의 아들 선지자 요나를 통하여 하신 말씀과 같이 여로보암이 이스라엘 영토를 회복하되 하맛 어귀에서부터 아라바 바다까지 하였으니."

북이스라엘의 왕 여로보암 2세가 이스라엘 영토를 회복하고 번성하게 될 것이라고 요나가 예언했다. 그 요나의 예언대로 여로보암 2세가 하맛 어귀에서부터 아라바 바다까지 영토를 넓혔다. 요나가 예언한 대로 이루어져서 북이스라엘 왕국이 강성해졌다는 말이다. 얼마나 가슴 벅찬 일인가? 나라가 잘될 것이라고 예언한 대로 북이스라엘 왕국이 잃었던 땅을 회복하고 강한 나라가 되었다. 요나에게는 자신이 예언한 대로 성취되어 나라가 부강해진 일종의 '경력'이 있었다.

그런데 하나님이 요나 선지자에게 다시 예언하라고 하셨는데, 니느웨 성에 가서 앗수르 사람들의 회개를 촉구하라고 하셨다. 요나의 생각에 하나님이 그런 특별한 명령을 하셨으면 앗수르 제국의 수도 니느웨 성 사람들이 회개할 것 같았다. 그런데 만약 자신의 예언대로 이루어진다면 문제가 생기는 것이 아닌가? 강대국인 앗수르 제국의 백성들이 회개하면 번영을 누려서 망하지 않을 가능성이 크다. 그러면 이스라엘이 영토를 넓히고 번영을 누리는 데 장애가 된다. 이것은 특히 요나의 입장에서는 자기가 예전에 했던 예언의 성취가 지속되지 못하는 심각한 딜레마였다. 그래서 요나는 니느웨 성에 가기를 죽도록 싫어했다. 한마디로 말해서 요나는 예언을 하면 그 예언이 그대로 성취되는 선지자가 되고 싶었다. 권위 있는 예언을 하여 선이 굵고 사역의 족적이 분명한 선지자로 이름을 날리고 싶었다.

그런데 한번 생각해보라. 요나의 마음속에는 자기가 한 예언은 그대로 이루어져야만 자기가 선지자로서 성공한다는 생각이 있었는데, 이 부분이 함정이었다. 한 번 예언은 영원한 예언이어야 한다고 생각하면 안 된다. 하나님이 메시지를 전하라고 하셨다가 그게 아니라고 하시면 어떻게 하면 되는 것인가? 하나님의 뜻도 그렇게 달라질 수 있다. 그러면 선지자는 다시 하나님의 말씀을 전하면 된다. 그것이 선지자의 역할이다. 선지자는 하나님이 입에 넣어주시는 메시지의 내용에 대한 책임이 없다는 뜻이다.

"하나님이 멸망시키려고 하셨습니다. 그런데 여러분이 회개하고 돌이키니 하나님이 뜻을 돌이키셨습니다. 구원의 은혜가 여러분에게

임했습니다. 니느웨가 멸망하지 않을 것입니다." 이렇게 요나가 회개
한 니느웨 백성들에게 다시 가서 하나님의 뜻을 전하면 되었다. 요나
는 이 중요한 사실을 몰랐다. 성공집착증인 박넝쿨 증후군에 빠져서
이런 잘못을 저질렀다.


## 큰 물고기 : 스케일 크신
## 하나님을 기억하라

디테일이 강하게 다가오신 하나님을 경험한 요나는
과거에 스케일이 크셨던 하나님의 은혜를 경험한 사실도 우리는 기억
해야 한다. 큰 스케일의 하나님, 요나를 위해 큰 물고기를 준비하셨던
하나님께서 이미 큰 은혜를 주시고 요나의 인생에 메시지를 주신 적
이 있다.

박넝쿨 증후군, 이기적인 성공집착증에서 벗어나기 위해서는 큰
스케일의 하나님을 다시금 경험해야 한다. 박넝쿨 하나에 집착하고
사네 죽네 한탄하며 엄살 부리고 있으면 안 된다. 요나는 기억을 살려
서 하나님의 성품과 그분의 신격을 기억해야만 했다. 요나는 물고기
배 속에 들어간 희귀한 경험을 한 사람이다. 물고기 배 속에 들어가
죽은 사람은 여럿 있겠지만 살아서 돌아온 사람은 희귀하다. 어떻게
물고기 배 속에 들어갔다가 살아나왔는가? 하나님이 준비하셨기 때

문이다. 스케일 크신 하나님 때문이었다.

요나가 뱃사람들의 손에 들려 풍랑 몰아치는 바다에 떨어졌을 때 하나님께서 이미 큰 물고기를 준비해두셨다(욘 1:17). 그 큰 물고기가 요나를 삼켰다. 이 '큰 물고기'가 하나님의 큰 은혜를 보여준다. 요나를 삼킨 물고기는 커야만 했다. 왜 그런가? 요나를 한 입에 집어삼켜야 했기 때문이다. 날카로운 이빨이 있었다면 얼마나 위험했을까! 하나님이 준비하신 큰 물고기는 혹등고래였을까? 세계에서 가장 큰 포유류라는 긴흰수염고래였을까? 대왕고래, 아니면 향유고래였을까? 하나님이 준비하셨다고 한다. 이 큰 물고기가 바로 하나님의 은혜였다. 하나님은 이렇게 스케일이 크신 분이다. 큰 물고기를 요나의 구원을 위해 준비하셨다.

요나는 물고기 배 속에서 밤낮 사흘을 머물렀다. 밤낮 사흘은 꽉 찬 사흘로 72시간을 머물러 있었다는 말이다. 견디기가 쉽지 않았다. 요나는 잘못을 했으니 고생을 좀 한다고 해도 그 물고기는 얼마나 힘들었을까 생각해보라. 하나님이 그 큰 물고기에게 말씀하시니 물고기가 요나를 육지에 토해냈다(욘 2:10). 큰 덩치를 가지고 육지 가까이에 와서 토하느라고 큰 물고기는 얼마나 힘들었을까? 가끔 큰 덩치의 고래들이 파도에 떠밀려 와서는 큰 바다로 못 나가 죽기도 하지 않는가? 그런 위험 부담을 안고 큰 물고기가 육지 가까이에 나와야만 했다. 요나를 육지에 내려놓기 위해서 그렇게 하라고 하나님이 그 물고기에게 시키셨다. 하나님께서 이렇게도 디테일에 강하고 자상하신 분이라는 사실을 나는 잘 몰랐다. 이 물고기에게 하나님이 말씀하셨다는 기록을 신선하고 놀라운 느낌으로 새삼 확인했다. 큰 물고기, 스케일 크게 준비하신 하나님은 이런 작은 것 하나도 소홀히 하지 않으시고 디테일에 탁월하신 모습을 보여주신다. 나의 생각에 하나님께서 이 큰 물고기에게 말씀하시면서 이렇게 위로하셨을 것 같다.

"얘야, 큰돌아! 사흘 동안 요나 그 녀석을 소화도 제대로 못 시켜서 더부룩하고 괴로웠지? 소화액 분비도 제대로 못해서 너도 참 힘들었겠다. 먹이도 제대로 못 먹고 고생 참 많았다. 이제 그 녀석 시원하게 토해내거라. 정신 좀 차리게 빙글빙글 좀 돌려가지고 토해버리려무나. 물에 빠져 죽지 않게 그 녀석을 육지까지 데려다주는 수고는 마지막으로 좀 해줘라." 하나님이 그 물고기에게 말씀을 하셨다는 점을 깊이 묵상해보라.

하나님은 요나가 이미 체험한 그런 큰 스케일로 구원하시는 은혜를 니느웨 성에서도 보여주셨다. 요나 한 사람을 정신 차리게 하기 위해 바다에서 폭풍을 동원하시고, 큰 물고기를 준비하시고, 친히 말씀하시면서 작전을 세세하게 다 세우고 실행하신 분이 하나님이시다. 이렇게 스케일 크면서도 디테일이 강한 하나님이 니느웨 성, 당시 세계 최강제국의 수도에 살고 있는 백성과 가축, 그 귀한 생명을 구원하기 위해 마음 졸이고 계신다. "네가 수고도 아니하였고 재배도 아니하였고 하룻밤에 났다가 하룻밤에 말라 버린 이 박넝쿨을 아꼈거든 하물며 이 큰 성읍 니느웨에는 좌우를 분변하지 못하는 자가 십이만여 명이요 가축도 많이 있나니 내가 어찌 아끼지 아니하겠느냐"(4:10-11). 그 수많은 생명을 구하는 귀한 일을 하나님께서 기꺼이 하신다고 말씀하신다.

당시 강대국이었던 니느웨 성이 발칵 뒤집힌 이런 놀라운 회개 사건에 대한 역사적 근거 자료들을 확인해보았다. 북이스라엘의 여로보암 2세 때 앗수르의 국력이 일시적으로 쇠퇴했다. 앗수르 왕 아슈르단 3세 때(BC 765년) 역병이 발생했고, 또 2년 후에 다시 역병이 발생했다. 당시에 앗수르가 강대국이었지만 이런 연속된 전염병으로 위협을 받았고 위기의식을 느끼는 상황이었다. 바로 그런 상황으로 사람들의 마음이 약해졌을 때 그들이 심판의 메시지를 듣고 회개하며 돌이키는 회개의 역사가 일어났다. 물론 나중에 나훔 선지자가 심판의 예언을 한대로 앗수르의 니느웨 성은 멸망당한다. 구약성경 소선지서를 깊이 연구한 김희보 박사는 바로 이런 니느웨 성 사람들의 회개는 멸망당하고 사로잡혀 가게 될 북이스라엘 사람들을 위한 준비가 될 수 있었다고 평가한다.

요나의 박넝쿨을 살펴보면서 하나님의 마음에 공감해야 한다. 스케일 크시고 디테일 강하신 하나님의 사랑과 은혜를 느낄 수 있어야 한다. 그러나 요나는 하나님의 간곡한 말씀에 대해 침묵했다. 안타깝게도 요나는 응답하지 않았다. 요나서의 마지막 부분이 그 사실을 보여준다. 이제 누가 하나님의 말씀에 응답해야 하겠는가? 요나가 못했으면 '요, 나'가 해야 하지 않겠는가? 하나님의 마음을 제대로 읽고 하나님의 말씀에 순종하는 삶, 이것이야말로 우리가 추구할 성공이요 우리 인생의 소명이다.